# *Une Boussole pour toi, ma Fille*

## *Lettres d'un Père pour Éclairer ta Vie*

***Des mots du cœur pour éclairer ta route et nourrir ton âme***

***Ed Merid***

# Table des matières

# Prologue : Une Lettre au Cœur de l'Humanité

Ma fille,

Tu es venue au monde avec des yeux curieux, prêts à embrasser chaque nuance de la vie. Je me souviens de ce jour comme si c'était hier, ce moment où je t'ai tenue pour la première fois. À cet instant, j'ai compris que ma vie ne serait plus jamais la même. Je n'étais plus simplement un homme, mais un père investi d'une mission sacrée : t'aimer, te guider et te transmettre ce que la vie m'a appris.

Mais la vie est vaste, imprévisible, et souvent silencieuse quand nous avons besoin de réponses. C'est pour cela que j'écris ces lettres. Elles sont un dialogue entre toi et moi, une main tendue pour t'accompagner là où mes pas ne pourront pas toujours te suivre. Ce livre est mon héritage, non pas en biens matériels, mais en valeurs, en réflexions et en éclats de sagesse glanés au fil des ans.

**À Toi qui Lis Ces Pages…**

Bien que ces lettres soient adressées à ma fille, elles s'adressent aussi à quiconque cherche un guide dans les méandres de la vie. Nous sommes tous, à certains moments, des enfants face à l'inconnu, en quête de repères et de réconfort. Que tu sois père, mère, enfant ou simplement une âme en quête de sens, les leçons que la vie m'a enseignées peuvent résonner en toi.

Dans ces pages, tu trouveras mes joies et mes doutes, mes victoires et mes échecs, comme autant de lanternes éclairant ton chemin. Je ne prétends pas avoir toutes les réponses, mais l'amour sincère qui habite ces lettres, nourri d'expériences et de réflexions, pourrait t'aider à naviguer dans un monde parfois imprévisible.

Ces lettres ne sont pas figées dans le temps. Elles sont vivantes, prêtes à t'accompagner à chaque étape de ta vie. Peut-être les liras-tu aujourd'hui avec curiosité, et peut-être y reviendras-tu plus tard, lorsque de nouvelles questions surgiront. Qu'importe, elles t'attendront toujours, comme un murmure rassurant dans les moments de doute.

Sache que je crois en toi. Tu as en toi une lumière unique, une force que le monde n'a pas encore pleinement découverte. Mon souhait le plus cher est que ces lettres t'aident à cultiver cette lumière est à te souvenir, même dans les moments les plus sombres, que tu es aimé, profondément et inconditionnellement.

Ce livre est pour toi, ma fille, mais aussi pour toi, cher lecteur, qui cherche à mieux comprendre la vie et à puiser dans l'expérience d'un père. Il porte mon amour, mon espoir, et cette certitude que, quoi qu'il arrive, chacun peut trouver son chemin.

Avec tout mon amour,

Ton père.

---

# Introduction

Dans ces lettres empreintes de sincérité, de sagesse et d'amour, un père s'adresse à sa fille avec la tendresse de celui qui a vu le monde, ses joies et ses tempêtes. " **Une Boussole pour toi, ma Fille : Lettres d'un Père pour Éclairer ta Vie"** est bien plus qu'un livre, c'est un héritage écrit, une main tendue à travers le temps. À chaque mot, le lecteur sent le poids des expériences vécues et la légèreté d'une affection inconditionnelle.

Ce livre est une invitation à ralentir, à écouter et à réfléchir. Le père, à travers ses mots soigneusement choisis, partage des leçons intemporelles, tout en laissant assez d'espace pour que sa fille puisse dessiner sa propre vie. Entre conseils pratiques, récits personnels et réflexions profondes, ces lettres transcendent les générations et parlent à chacun d'entre nous.

En les lisant, on n'entend pas seulement une voix, mais une résonance : celle de l'amour pur et du désir universel de voir ceux qu'on aime s'épanouir pleinement. **Un guide intime pour grandir, s'affirmer et laisser une empreinte lumineuse dans ce monde.**

# Chapitre 1 : Les valeurs comme boussole de vie

Ma chère fille,

La vie est comme un vaste océan, imprévisible et changeant. Il y aura des jours où les eaux seront calmes, et d'autres où les vagues te submergeront, te laissant dériver sans repère. Dans ces moments, ce ne sont ni les étoiles ni les cartes qui te guideront, mais les valeurs que tu porteras en toi. Ces valeurs seront ta boussole, t'indiquant la direction à suivre, même lorsque tout semblera confus.

Les valeurs sont invisibles, mais elles façonnent chaque choix, chaque relation et chaque rêve. Elles sont ce que tu es au plus profond de toi, bien au-delà des masques que le monde te demandera parfois de porter. Elles te définissent non pas par ce que tu possèdes ou accomplis, mais par ce que tu respectes, défends et vis chaque jour.

Dans ce chapitre, je veux partager avec toi ces principes qui ont forgé ma propre vie et que j'espère voir t'accompagner dans ton propre voyage. L'intégrité, par exemple, est cette lumière intérieure qui te permettra de marcher avec fierté, même dans l'obscurité des doutes. Le respect, quant à lui, est la clé des relations sincères, qu'il s'agisse d'amitiés, d'amour, ou de simples rencontres.

Mais ne te méprends pas : ces valeurs ne sont pas des règles gravées dans la pierre. Elles évoluent avec toi, grandissent, se renforcent, occasionnellement même se remettent en question. Et c'est là toute leur beauté : elles ne sont pas des chaînes, mais des racines profondes qui t'aideront à rester ferme face aux tempêtes de la vie.

Tu es à un âge où les choix se multiplient et où le monde te pousse à aller plus vite, toujours plus vite. Mais je t'encourage à t'arrêter un instant, à réfléchir à ce que tu veux réellement représenter. Quelles seront les fondations de ta vie ? Que veux-tu qu'on se rappelle de toi, longtemps après ton passage sur cette terre ?

En lisant ces pages, je veux que tu prennes le temps de dialoguer avec toi-même, de découvrir ces trésors cachés dans ton cœur. Car les valeurs ne s'imposent pas : elles se choisissent, se cultivent, et, surtout, se vivent.

Alors, prends cette boussole et tiens-la près de toi. Elle ne te donnera pas toutes les réponses, mais elle t'aidera à poser les bonnes questions. Et, ma fille, tant que tu suivras cette lumière intérieure, je sais que tu trouveras ton chemin, quoi qu'il arrive.

Avec tout mon amour,

Ton père.

## 1.1 : Cultiver l'intégrité et la vérité : Pourquoi ces piliers sont essentiels pour bâtir une vie stable et épanouie

Ma chère fille,

Il y a une qualité rare, presque précieuse, que j'ai appris à chérir au fil des années : l'intégrité. Elle est comme une fondation solide sur laquelle repose toute ta vie. Sans elle, les murs que tu construiras – qu'ils soient faits de rêves, de relations ou de succès – risquent de s'effondrer au moindre coup de vent. L'intégrité, c'est le choix conscient d'être en accord avec toi-même, même lorsque personne ne te regarde, et d'être fidèle à la vérité, même lorsque cela est inconfortable.

Je veux te raconter une histoire de ma vie, une leçon que je n'oublierai jamais et qui, je l'espère, trouvera un écho en toi.

**Une leçon venue du travail**

C'était il y a de nombreuses années, bien avant ta naissance. Je travaillais dans une petite entreprise où la concurrence était rude et où les ambitions personnelles semblaient souvent prendre le pas sur l'éthique. Un jour, mon patron me convoqua dans son bureau pour une réunion que je n'oublierai jamais. Sur son bureau, un rapport financier crucial attendait d'être finalisé.

- **"Nous avons un gros contrat en jeu,"** commença-t-il en fixant le document. **"Les chiffres actuels ne sont pas assez impressionnants. Il suffit de gonfler un peu les résultats de ce trimestre… Personne ne s'en rendra compte."**

Ses mots me frappèrent comme un coup de tonnerre. C'était dit avec une telle désinvolture que cela paraissait presque normal, comme une pratique courante. **"C'est une simple formalité,"** ajouta-t-il, son ton dédramatisant l'acte en apparence anodin.

**Le Processus de Prise de Décision**

À ce moment-là, ma tête était un véritable champ de bataille. Mon esprit rationnel dressait la liste des risques : perdre mon emploi, être mis à l'écart, voire ruiner ma carrière dans un secteur avec lequel la réputation comptait plus que tout.

**"Si tu refuses, tu seras remplacé sans pitié,"** me murmurait une voix intérieure.

Mais une autre partie de moi, plus profonde, s'accrochait à mes valeurs comme à une bouée de sauvetage. Je repensais à l'éducation que m'avaient donnée mes parents : **"Dis toujours la vérité, même lorsque c'est difficile."** Mon intégrité n'était pas négociable, mais cela signifiait affronter l'inconnu.

Je pris une grande respiration et répondis d'un ton calme, mais déterminé :

- **"Je suis désolé, mais je ne peux pas altérer ces chiffres. Cela ne refléterait pas la réalité."**

Son regard s'assombrit. **"Réfléchis bien à ce que tu fais,"** lança-t-il, avant de me congédier froidement.

**Les Conséquences Immédiates**

Le lendemain, l'atmosphère au bureau était glaciale. Les rumeurs s'étaient répandues comme une traînée de poudre : **"Il a refusé de suivre les ordres du patron."** Certains collègues m'évitèrent, craignant probablement d'être associés à moi.

Quelques jours plus tard, mon supérieur convoqua une réunion pour annoncer que le rapport avait été soumis… sans les falsifications. Son ton était sec, mais je savais que sa décision n'était pas un acte de conscience, mais une simple tentative de se couvrir.

Puis vint la confrontation la plus difficile. Lors d'un déjeuner, un collègue proche, Paul, me demanda d'un air inquiet :

-**"Pourquoi tu t'es opposé à lui ? Tu sais que ça aurait pu te coûter ton poste, non ?"**

-**"Je le sais,"** répondis-je. **"Mais si je triche maintenant, que deviendrais-je ? Je perdrais bien plus que mon emploi : je perdrais mon respect pour moi-même."**

Paul resta pensif. **"Je n'aurais jamais osé faire ce que tu as fait,"** murmura-t-il.

**Gérer la Pression des Collègues**

Les jours suivants furent un véritable test. Certains collègues évitaient tout contact avec moi, redoutant peut-être d'être associés à quelqu'un considéré comme "difficile." Je devins l'homme dont on murmurait le nom dans les couloirs, à mi-chemin entre respect et méfiance.

Puis quelque chose d'inattendu se produisit. Paul revint me voir une semaine plus tard.

- **"Tu sais… tu avais raison,"** admit-il. **"J'ai réalisé que suivre aveuglément les ordres peuvent nous coûter bien plus cher à long terme. Merci de m'avoir ouvert les yeux."**

Son soutien me réconforta. Même si le chemin que j'avais choisi semblait solitaire au départ, il s'avéra qu'il inspirait ceux qui observaient de loin.

**La Révélation Finale**

Quelques mois plus tard, un coup de théâtre secoua l'entreprise : le client clé découvrit que d'autres rapports avaient été manipulés. Le scandale éclata. Ceux qui avaient falsifié les données furent licenciés sur-le-champ.

Contre toute attente, mon intégrité devint un atout inestimable. Non seulement je gardai mon poste, mais je gagnai également le respect du client, qui apprécia ma transparence. Mon supérieur, contraint de reconnaître ma loyauté envers la vérité, changea d'attitude.

**La Leçon**

Cette expérience m'a enseigné une vérité essentielle : l'intégrité ne te garantit pas toujours des victoires immédiates, mais elle construit une réputation solide et durable. **Elle est une boussole intérieure qui te guide, même lorsque le chemin semble dangereux.**

Ma fille, souviens-toi toujours de ceci **:** les moments où il est le plus difficile d'être honnête sont aussi les moments où cela compte le plus. Les décisions prises dans l'ombre définissent la personne que tu es, bien plus que celles prises sous les projecteurs.

Garde cela en tête, car dans ce monde, ta plus grande richesse sera toujours ton intégrité.

**Pourquoi l'intégrité est-elle essentielle ?**

L'intégrité est essentielle parce qu'elle t'offre un point d'ancrage dans un monde souvent plein de contradictions. Dans ta vie, ma fille, il y aura des moments où tu seras tentée de prendre des raccourcis ou de compromettre tes valeurs pour atteindre un objectif plus rapidement. Mais crois-moi, les victoires obtenues sans intégrité sont vides, et elles laissent un goût amer avec le temps.

Imagine une maison construite sur des fondations fragiles. Elle peut être belle de l'extérieur, mais la moindre tempête la fera s'écrouler. L'intégrité, c'est cette base solide. Elle te permet d'affronter les défis avec courage et de savourer pleinement tes succès, car ils auront été obtenus avec honnêteté.

**L'honnêteté envers les autres et envers toi-même**

Être honnête avec les autres est une chose, mais être honnête avec toi-même est encore plus important. Parfois, nous sommes tentés de nous raconter des histoires pour justifier nos actions ou éviter de faire face à une vérité difficile. Mais chaque fois que tu choisis de voir les choses telles qu'elles sont, sans filtre, tu fais preuve de courage.

Je me souviens d'une autre période de ma vie où j'ai dû affronter une vérité désagréable. J'avais fait une erreur dans un projet important, et tout en moi voulait blâmer les circonstances ou d'autres personnes. Mais en prenant du recul, j'ai réalisé que j'avais joué un rôle dans cet échec. Reconnaître ma responsabilité n'a pas été facile, mais cela m'a permis de corriger mes erreurs et de grandir.

En étant honnête avec toi-même, tu développes une clarté intérieure qui t'aidera à prendre de meilleures décisions. C'est aussi un acte de respect envers toi-même, car cela signifie que tu te considères assez forte pour affronter la vérité, quelle qu'elle soit.

**Un exemple de ta vie à venir**

Peut-être qu'un jour, tu seras dans une situation où dire la vérité semblera être la pire des options. Imagine que tu commettes une erreur à ton travail ou dans une relation. L'instinct naturel sera de cacher cette vérité pour éviter les conflits ou les jugements. Mais souviens-toi toujours de ceci : la vérité peut parfois être douloureuse à court terme, mais elle libère toujours à long terme.

Lorsque tu choisis d'être intègre, tu envoies un message puissant au monde : tu es quelqu'un de fiable, sur qui l'on peut compter. Les gens pourront ne pas toujours être d'accord avec toi, mais ils te respecteront. Et ce respect est une monnaie bien plus précieuse que les compliments éphémères que l'on gagne par la tromperie.

**L'intégrité dans les petites choses**

L'intégrité ne se manifeste pas seulement dans les grands gestes ou les décisions importantes. Elle se construit dans les petits moments du quotidien. Respecter tes promesses, même les plus insignifiantes, ou admettre que tu ne sais pas quelque chose sont autant de façons de cultiver cette qualité.

Par exemple, si un jour, tu promets à un ami de l'aider, mais que cela devient soudainement compliqué, tiens ta promesse malgré tout. Ces petits actes, accumulés, créent une identité forte, une personne qui inspire confiance et admiration.

**Mon vœu pour toi**

Ma fille, mon plus grand souhait est que tu choisisses toujours de vivre avec intégrité, même lorsque cela semble être le chemin le plus difficile. Ce n'est pas une vertu facile à cultiver, mais c'est celle qui te permettra de dormir paisiblement la nuit, avec la certitude que tu es fidèle à toi-même.

Souviens-toi que l'intégrité n'est pas synonyme de perfection. Tu feras des erreurs, c'est humain. Mais chaque fois que tu les reconnaîtras et que tu agiras pour les corriger, tu renforceras ce pilier essentiel.

Portes ces mots avec toi comme un rappel constant : sois toujours fidèle à toi-même, car c'est là que réside ta véritable force.

Avec tout mon amour,

Ton père

**Questions de Réflexion :**

- Que signifie l'intégrité pour moi ?
- Ai-je déjà été tentée de compromettre mes valeurs ? Qu'ai-je appris de cette expérience ?

**Exercice Pratique :**

- **Défi de l'Intégrité :** Pendant une semaine, note chaque jour une situation avec laquelle tu as choisi d'agir avec intégrité, même si cela n'était pas facile.

## 1.2 : Respecter et Valoriser la Diversité : Une Clé pour Se Connecter au Monde

**Ma chère fille,**

Le monde dans lequel tu grandis est un carrefour de cultures, d'opinions et de modes de vie. Pourtant, malgré cette richesse de diversité, bien des gens se perdent dans les jugements ou les stéréotypes, créant des fossés là où il devrait y avoir des ponts. Aujourd'hui, je veux partager avec toi la puissance de la diversité : elle enrichit ton esprit, nourrit ton cœur et te connecte profondément aux autres.

## Le Respect : Premier Pas Vers la Compréhension

Je me souviens d'un voyage scolaire dans une petite ville de montagne. Nous avons été accueillis par une famille locale vivant simplement, loin des commodités modernes.

Au début, j'avais du mal à comprendre leur style de vie. Pourquoi vivaient-ils sans télévision ? Pourquoi cultivaient-ils leur propre nourriture au lieu de l'acheter en ville ? Mais avec le temps, j'ai découvert leur joie sincère, leur solidarité en famille et leur lien profond avec la nature.

En leur posant des questions, non par curiosité maladive, mais avec respect, j'ai appris des leçons que je n'aurais jamais trouvées dans les livres. Respecter la diversité commence ainsi : mettre de côté ses jugements et accepter que chaque personne, chaque culture, a une raison d'être ce qu'elle est.

## Écouter au Lieu de Supposer : L'Histoire de Marina

Lorsque j'ai commencé ma carrière, j'ai fait la connaissance de Marina, une collègue russe nouvellement arrivée dans notre entreprise. Elle était dotée d'un fort accent et s'exprimait avec un franc-parler direct qui, à mes yeux et à ceux de plusieurs collègues, semblait presque abrupt.

**"Elle est trop sèche,"** murmurait-on souvent dans les couloirs. **"Elle manque de tact."**

Les regards furtifs et les discussions discrètes alimentaient les malentendus. Marina, pourtant compétente et travailleuse, paraissait isolée dans cet environnement avec lequel la communication subtile et la politesse formelle étaient valorisées.

## Son Parcours d'Intégration

À son arrivée, Marina s'était heurtée à une barrière culturelle invisible mais tenace. Issue d'une région rurale de Russie où la vie était rude et où chaque mot devait être efficace, elle considérait que parler franchement était non seulement un signe de respect, mais aussi une manière d'économiser temps et énergie.

Cependant, dans notre bureau occidental, où les phrases sont souvent adoucies par des formules courtoises comme **"Peut-être pourriez-vous..."** ou **"Seriez-vous d'accord pour..."**, son approche directe était mal perçue.

Un incident marquant illustre cette différence. Un jour, lors d'une réunion, notre manager lui demanda si elle pouvait présenter son projet. Marina répondit simplement :

- **"Non, ce n'est pas prêt."**

Un silence gênant s'installa. Le manager, visiblement contrarié, répondit :

- **"Tu aurais pu expliquer où tu en es..."**

Marina, surprise, haussa les sourcils :

- **"Je croyais que vous vouliez juste savoir si c'était prêt. Je travaille encore dessus, je présenterai quand ce sera complet."**

Dans sa culture, aller droit au but était une marque d'efficacité et de sérieux. Mais dans notre environnement, cela semblait brusque et peu collaboratif.

**Un Malentendu Culturel Décrypté**

Intrigué par son attitude, je décidai de lui parler en tête-à-tête. Je l'invitai à prendre un café un après-midi calme. Au début, elle était méfiante, habituée à se protéger dans un monde professionnel qu'elle percevait comme hostile.

- **"Pourquoi veux-tu parler ? Ai-je fait quelque chose de mal ?"** demanda-t-elle, sur la défensive.

-**"Non, pas du tout,"** répondis-je calmement. **"Je voulais simplement mieux te connaître. On travaille ensemble depuis quelques mois, mais on n'a jamais eu l'occasion de discuter."**

Son regard s'adoucit. Elle accepta de se confier. Marina me raconta comment, dans sa région natale, les conditions de vie étaient dures et chaque mot devait être utile. L'honnêteté brute était une preuve de respect et de confiance.

- **"Dans mon pays,"** expliqua-t-elle, **"parler pour ne rien dire est mal vu. Si tu demandes quelque chose, tu veux une réponse claire, pas un détour poli."**

**Surmonter les Préjugés par le Dialogue**

Cette conversation me marqua profondément. Ce que nous avions pris pour de la froideur était, en réalité, une manière d'être sincère et authentique. Je lui expliquai à mon tour comment, dans notre culture professionnelle, adoucir les phrases et expliquer les raisons derrière un "non" était perçu comme une marque de considération.

-**"Peut-être pourrais-tu dire quelque chose comme : 'Je travaille encore dessus, mais j'espère pouvoir vous présenter quelque chose bientôt.' Cela montre que tu es impliquée, même si ce n'est pas prêt."**

Elle sourit légèrement, comme si un éclair de compréhension venait de la traverser.

**-"Je vois... cela semble inutilement long, mais si cela aide à maintenir de bonnes relations, je peux essayer."**

À partir de ce jour, Marina fit des efforts pour adapter son style de communication, tout en restant fidèle à ses valeurs. De mon côté, j'encourageai mes collègues à voir au-delà de leur première impression et à comprendre que son honnêteté était une marque de respect, et non de dureté.

### La Leçon Apprise

Cette expérience m'a appris que les malentendus naissent souvent d'un manque de compréhension culturelle. Ce que nous considérons comme "normal" est fréquemment le fruit de notre éducation et de nos valeurs. **En écoutant véritablement, avec curiosité et bienveillance, on peut transformer les jugements en compréhension.**

Marina n'est pas seulement devenue une collègue respectée, mais aussi une amie précieuse, quelqu'un dont la sagesse directe et l'authenticité m'ont marqué à jamais. **Ma fille, n'oublie jamais ceci :** quand tu rencontres quelqu'un de différent, ne te contente pas de voir ce qui te semble étrange. Pose des questions sincères, écoute avec ton cœur, et tu découvriras habituellement un trésor caché derrière chaque différence.

### La Diversité : Une Source de Richesse Personnelle

Embrasser la diversité ne signifie pas seulement comprendre les autres, mais aussi grandir soi-même. Chaque fois que tu acceptes de voir le monde à travers les yeux d'une autre personne, tu élargis ton esprit et ton cœur.

Lors d'un voyage en Afrique du Sud, j'ai rencontré un guide nommé Themba. Il m'a expliqué la philosophie de sa communauté fondée sur l'*Ubuntu*, qui signifie **"Je suis parce que nous sommes."**

Dans cette culture, le collectif prime sur l'individu et le bonheur de chacun dépend du bien-être des autres. Cette idée m'a marqué bien au-delà de ce voyage : nous sommes tous profondément liés.

**Anecdote : La Leçon d'un Repas Partagé**

Je me souviens d'un dîner organisé par un ami passionné de cuisine du monde. Chaque invité devait apporter un plat traditionnel. La table était un mélange de saveurs d'Asie, d'Afrique, d'Europe et d'Amérique du Sud.

Je me souviens particulièrement du plat épicé apporté par une famille syrienne nouvellement installée dans le quartier. Ils nous ont raconté comment, dans leur culture, partager un repas symbolise l'accueil et la paix.

Ce dîner n'était pas qu'un festin. C'était une rencontre humaine. Chaque plat racontait une histoire, chaque sourire créait des liens invisibles. Ce soir-là, autour de cette table, nous étions une seule et même famille universelle.

**Construire des Relations Authentiques dans un Monde Diversifié**

Pour construire des relations sincères, il est essentiel de valoriser les différences au lieu de les ignorer. Voici quelques conseils pratiques que je veux te transmettre :

1. **Pose des Questions avec Bienveillance**
   Lorsque tu rencontres quelqu'un de différent, sois curieuse. Demande-lui ce qu'il aime, ce qui le motive et ce qui le rend unique.

2. **Cherche des Points Communs**
   Peu importe nos origines ou nos croyances, nous partageons tous des besoins fondamentaux : être compris, aimé et respecté. Concentre-toi sur ces points communs pour créer des liens.
3. **Remets en Question Tes Préjugés**
   Nous avons tous grandi avec des idées préconçues. Identifier et déconstruire les tiennes est une étape essentielle pour devenir une personne plus ouverte.
4. **Célèbre les Différences**
   Apprends à voir la diversité comme un atout, que ce soit dans tes amitiés, au travail ou dans ta vie quotidienne. Chaque rencontre est une opportunité d'apprendre et de grandir.

**Réflexion Finale : Transmettre la Richesse de la Diversité aux Générations Futures**

Un jour, tu auras peut-être des enfants, des élèves ou des collaborateurs à guider. Souviens-toi que respecter et valoriser la diversité est un héritage précieux à leur transmettre.

Apprends-leur que chaque être humain, quelle que soit sa culture ou sa croyance, a une histoire digne d'être écoutée. Montre-leur, par ton exemple, que la différence n'est pas une barrière, mais une richesse infinie.

Dans ce monde en constante évolution, la tolérance et l'ouverture d'esprit seront tes alliées les plus précieuses. Chaque fois que tu rencontreras quelqu'un de différent, ne te demande pas **"Pourquoi est-il différent ?"** mais **"Que puis-je apprendre de lui ?"**

**Un Dernier Mot**

Ma fille, le respect et l'ouverture te donneront une place dans toutes les discussions, dans tous les cercles et dans toutes les cultures. En accueillant la diversité, tu découvriras une richesse intérieure qui te permettra non seulement de mieux comprendre les autres, mais aussi de mieux te comprendre toi-même.

Souviens-toi toujours de ceci : **dans la différence, il y a une opportunité d'aimer, d'apprendre et de grandir.**

Avec tout mon amour,
Ton père.

---

# Chapitre 2 : Rêver grand et agir courageusement

Ma chère fille,

Si je pouvais te donner un seul conseil pour illuminer ta vie, ce serait celui-ci : ose rêver grand. Rêver est l'acte le plus audacieux que nous puissions accomplir dans un monde qui, parfois, essaie de réduire nos aspirations à des cases préfabriquées. Rêver, c'est te donner la permission de regarder au-delà de ce qui semble possible aujourd'hui, et agir courageusement, c'est transformer ces visions en réalité.

Mais rêver grand n'est pas seulement une question d'ambition. C'est une invitation à explorer les profondeurs de ton cœur et à te demander : *Qu'est-ce qui m'enthousiasme vraiment ? Qu'est-ce que je veux offrir au monde ?* C'est un chemin qui demande du courage, car il te poussera à sortir des sentiers battus et à affronter des doutes, les tiens et ceux des autres.

Je veux te parler de ce moment, dans ma propre jeunesse, où j'ai osé rêver grand pour la première fois. J'avais toujours été attiré par l'idée de voyager et de découvrir le monde, mais venant d'une famille modeste, cela paraissait inaccessible. Un jour, j'ai lu un livre sur un explorateur qui avait parcouru des terres inconnues avec presque rien, uniquement porté par sa détermination et sa curiosité. Cela a allumé une étincelle en moi. J'ai décidé que, moi aussi, je voyagerais, peu importe les obstacles.

Ma première aventure a été minuscule à l'échelle des rêves de certains, mais pour moi, c'était monumental : un voyage en stop à travers notre région, sans plan, avec seulement un sac à dos et une carte. Ce périple m'a appris deux choses importantes. La première, c'est que chaque rêve commence par un pas, même petit. La seconde, c'est que le courage n'est pas l'absence de peur, mais la volonté d'avancer malgré elle.

Dans ce chapitre, nous allons explorer ensemble comment tu peux, toi aussi, rêver grand et agir avec courage. Nous parlerons de la manière de découvrir ce qui te fait vibrer, de surmonter les peurs qui pourraient te retenir, et de transformer les échecs inévitables en tremplins pour atteindre tes aspirations.

Rappelle-toi, ma fille : le monde appartient à celles et ceux qui osent rêver au-delà des étoiles et qui, un jour, décident de les atteindre. Je suis là pour te guider, mais c'est ton cœur, ta passion, et ton courage qui te mèneront là où tu veux aller.

## 2.1 : Découvrir tes passions : Identifier ce qui fait briller ton âme et oser le poursuivre

Ma chère fille,

Quand j'étais jeune, on me demandait souvent ce que je voulais faire de ma vie. Je me rappelle encore les regards impatients des adultes, attendant une réponse claire, comme si choisir une carrière ou une vocation était la seule manière de se définir. Mais à cet âge-là, comment pouvais-je savoir ? Ce n'est que bien plus tard que j'ai compris que cette question ne se résout pas avec un titre professionnel, mais avec ce qui fait briller ton âme.

Découvrir tes passions, c'est comme partir à la recherche d'un trésor caché. Ce n'est pas toujours facile, et cela demande du temps. Mais une chose est certaine : tes passions sont là, prêtes à être découvertes. Elles se révèlent dans ces moments où tu te perds dans une activité, où le temps semble suspendu et où tu ressens une énergie qui te remplit de joie.

**Le Symbole de l'Aigle : Voir au-delà des Horizons**

Dans les contes amérindiens, l'aigle est un puissant symbole de vision et de liberté. Avec ses ailes majestueuses déployées, il plane au-dessus des montagnes, observant bien plus loin que le regard humain ne peut atteindre. Il ne craint pas les vents contraires ; il les utilise pour s'élever encore plus haut.

Je veux que tu gardes cette image en tête, ma fille. Sois comme cet aigle: regarde au-delà de ce qui est visible aujourd'hui, ne te limite pas à ce qui te parais atteignable dans l'instant. Même lorsque le chemin te paraît incertain ou que les doutes t'assaillent, souviens-toi que tu as la capacité de t'élever au-dessus des obstacles.

**L'Ange du Journal et du Piano**

Laisse-moi te raconter une histoire de ma propre vie. Quand j'avais ton âge, j'étais un garçon timide et réservé. Mes journées étaient faites de routines simples, et je ne savais pas encore ce qui me passionnait. Mais un jour, alors que je fouillais dans un vieux tiroir chez ma grand-mère, je suis tombé sur un journal intime qui appartenait à mon grand-père.

Ce n'était pas un journal comme les autres : il était rempli de poèmes, de pensées profondes et de croquis. Une phrase en particulier m'a marqué:

**"Les mots sont ma musique, et chaque phrase est une mélodie que je compose pour donner du sens à ma vie."**

Ces mots ont éveillé quelque chose en moi. Ce soir-là, je suis rentré chez moi, j'ai pris un cahier vide et j'ai commencé à écrire. Maladroitement au début, mais chaque mot posait une brique dans mon monde intérieur.

Plus tard, j'ai découvert une autre passion : la musique. Un de mes amis jouait du piano et, chaque fois que je l'écoutais, je ressentais une émotion intense. Un jour, j'ai pris mon courage à deux mains et demandé à ses parents s'ils pouvaient m'apprendre quelques accords. Ce fut difficile au début, mais avec du temps et de la patience, je me suis rendu compte que cette activité me donnait une immense joie.

Ces deux passions – l'écriture et la musique – ont façonné ma vie. Elles m'ont offert des refuges dans les moments difficiles et des moyens puissants d'exprimer mes émotions. Ce que j'ai appris de cette expérience, c'est que nos passions se cachent souvent dans des détails simples, des curiosités que nous osons explorer.

## Comment trouver ce qui te fait vibrer ?

1. **Observe ce qui t'attire naturellement**
   Il y a des indices tout autour de toi, ma fille. Qu'est-ce qui capte ton attention ? Quelles activités te font perdre la notion du temps ? Peut-être ressens-tu une étincelle en regardant des films, en écrivant, en dansant ou en aidant les autres. Note ces moments. Ils sont comme des flèches pointant vers ce qui te passionne.

2. **Essaye de nouvelles choses**
   Découvrir une passion, c'est comme goûter différents plats pour trouver celui qui te plaît le plus. Ne sois pas effrayée de sortir de ta zone de confort. Inscris-toi à un cours, participe à une activité ou parle à des personnes qui ont des centres d'intérêt différents des tiens.

   Je me souviens d'un été où j'ai décidé de travailler dans une ferme locale. Cela n'avait rien à voir avec mes rêves, mais cette expérience m'a appris la valeur du travail manuel et m'a donné un respect profond pour la nature. Parfois, les passions se révèlent dans des endroits inattendus.

3. **Écoute ton cœur, pas les attentes des autres**
   Beaucoup de gens te diront ce que tu "devrais" faire de ta vie. Certains le feront par amour, d'autres par ignorance. Mais souviens-toi, ma fille, que ta vie t'appartient. Ton bonheur ne viendra pas en suivant les rêves des autres, mais en poursuivant les tiens.
4. **Reste attentive à tes émotions**
   Une passion est souvent accompagnée d'un sentiment d'excitation et d'énergie. Si une activité te donne ce frisson particulier ou te fait sentir vivante, alors c'est peut-être une piste à explorer.

**Oser Poursuivre Tes Passions**

Découvrir tes passions, c'est une chose. Avoir le courage de les suivre, c'en est une autre. Le monde essaiera parfois de te convaincre que tes rêves sont irréalistes ou que tu devrais choisir un chemin plus "pratique". Mais laisse-moi te dire ceci : les plus grandes réalisations viennent de celles et ceux qui ont osé croire en leurs rêves, même quand personne d'autre ne le faisait.

Quand j'ai décidé de devenir écrivain, beaucoup dans mon entourage pensaient que c'était une idée folle.

- *"Tu ne gagneras jamais ta vie comme ça,"* me disaient-ils.

Mais j'ai persévéré. Je savais que l'écriture était ma manière d'apporter quelque chose au monde. Cela n'a pas été facile, mais chaque obstacle surmonté m'a rapproché de mes rêves.

Souviens-toi que poursuivre tes passions demandera du travail, de la discipline et de temps en temps des sacrifices. Mais chaque pas en vaudra la peine, car il te mènera vers une vie alignée sur qui tu es vraiment.

**Un Exercice Pratique pour Toi**

Prends un moment après avoir lu ces lignes pour répondre à ces questions :

1. Quelles activités me rendent heureuse, peu importe le résultat ?
2. Que pourrais-je faire pendant des heures sans me lasser ?
3. Quels sont les moments dans ma vie où j'ai ressenti un profond sentiment d'accomplissement ?

Note tes réponses et réfléchis à des façons de t'investir davantage dans ces domaines.

**Un Dernier Mot : Prends Ton Envol**

La découverte de tes passions est une quête qui ne se termine jamais réellement. Elles évolueront avec toi, tout comme la vie. Mais ce qui ne changera jamais, c'est la joie et le sens qu'elles apporteront à ton existence.

Alors, pars à leur recherche avec curiosité et détermination. Lève les yeux, comme l'aigle, et regarde au-delà des horizons visibles. N'aie pas peur de suivre là où elles te mènent.

Avec tout mon amour,
Ton père.

**Questions de Réflexion :**

- Quelles activités me donnent de l'énergie et me rendent heureuse ?
- Quelles petites actions pourrais-je entreprendre pour explorer davantage mes passions ?

**Exercice Pratique :**

- **Journal de Passion :** Chaque soir, écris une chose qui t'a enthousiasmée ou inspirée dans ta journée.

## 2.2 : Apprivoiser la peur de l'échec : Histoires où le père a échoué, mais en a tiré des leçons inestimables

Ma chère fille,

On ne nous enseigne pas toujours à voir l'échec pour ce qu'il est réellement : un enseignant exigeant, mais infiniment précieux. Beaucoup passent leur vie à le craindre, à éviter les situations avec lesquelles il pourrait surgir. Mais si je peux te transmettre une leçon essentielle aujourd'hui, c'est celle-ci : l'échec n'est pas une fin. C'est un passage, une opportunité de grandir et d'apprendre.

Quand je repense à ma vie, il y a plusieurs moments où j'ai échoué. À l'époque, ces échecs me semblaient insurmontables, comme si le monde s'écroulait autour de moi. Mais aujourd'hui, avec le recul, je sais qu'ils ont été les pierres angulaires des plus grandes réussites de ma vie.

### Mon premier échec professionnel

Je vais te raconter l'histoire de mon tout premier emploi après l'université. J'étais jeune, plein d'espoir, et convaincu que j'étais destiné à de grandes choses. J'avais décroché un poste dans une entreprise prestigieuse, et je pensais que tout était en place pour que ma carrière décolle.

Mais la réalité s'est avérée bien différente. Je me suis rapidement rendu compte que je n'étais pas prêt pour les responsabilités qu'on m'avait confiées. Je faisais des erreurs, parfois par manque d'expérience, parfois par excès de confiance. Un jour, après une série d'erreurs coûteuses, mon supérieur m'a convoqué dans son bureau et m'a annoncé que mon contrat ne serait pas renouvelé.

Je me souviens être rentré chez moi ce soir-là, brisé. Je me suis assis dans ma chambre, me demandant ce que j'avais fait de travers, pourquoi je n'avais pas été à la hauteur. Mais au lieu de me laisser submerger par la honte, j'ai pris un carnet et j'ai noté tout ce que j'avais appris de cette expérience.

Ce carnet est devenu mon guide. Il m'a enseigné l'importance de demander de l'aide, de reconnaître mes faiblesses, et de toujours chercher à m'améliorer. Ce premier échec, bien que douloureux, m'a appris des leçons qui m'ont servi tout au long de ma vie.

**L'échec en amitié**

Un autre moment marquant de ma vie a été la perte d'une amitié précieuse. Mon meilleur ami et moi étions inséparables pendant des années, mais un jour, une dispute stupide a éclaté. Nous étions tous les deux trop fiers pour nous excuser. À cause de cela, nous avons perdu des années de belles relations.

Ce n'est qu'après une conversation avec ma mère que j'ai compris à quel point j'avais échoué en tant qu'ami. Elle m'a dit : "*Parfois, s'excuser, ce n'est pas admettre qu'on a tort, c'est montrer qu'on valorise la relation plus que son propre ego.*"

J'ai pris mon téléphone ce jour-là et j'ai appelé mon ami. C'était difficile, mais cette conversation a marqué un nouveau départ pour notre amitié. Cet échec m'a appris que les relations humaines demandent de l'humilité, de la patience, et surtout, une volonté de réparer les erreurs.

**Les leçons que l'échec m'a enseignées**

**1. L'échec est un miroir**

Chaque échec reflète nos forces et nos faiblesses. Il nous montre où nous devons grandir. Parfois, nous n'aimons pas ce que nous voyons dans ce miroir, mais il est essentiel de regarder attentivement pour avancer.

**2. L’échec est un tremplin, pas un obstacle**

Lorsque nous échouons, nous avons deux choix : nous apitoyer sur notre sort ou utiliser cet échec comme un tremplin pour nous propulser vers de nouvelles opportunités.

**3. L’échec construit la résilience**

Chaque fois que tu surmontes un échec, tu deviens plus forte. Tu apprends à te relever, peu importe combien la chute a été dure.

**4. L’échec nous rend humains**

En acceptant nos échecs, nous devenons plus empathiques envers les autres. Nous comprenons leurs luttes et leurs sommes mieux équipés pour les aider dans leurs propres défis.

**Un exercice pour toi, ma fille**

Ma chère fille, je veux que tu prennes un moment pour réfléchir à une fois où tu as échoué. Cela peut être quelque chose de petit ou de grand. Demande-toi :

- Qu’est-ce que cet échec t’a appris sur toi-même ?
- Comment pourrais-tu utiliser ces leçons pour éviter un échec similaire à l’avenir ?
- Comment peux-tu transformer cet échec en une opportunité de croissance ?

Écris tes réponses quelque part. Garde-les précieusement. Ce seront des rappels de ta force et de ta capacité à apprendre et à avancer.

**Un dernier conseil sur l’échec**

Je veux que tu saches, ma fille, que l’échec fait partie de la vie. Ce n’est pas une tâche à éviter, mais une expérience à embrasser. Plus tu oses, plus tu échoueras. Mais plus tu échoueras, plus tu apprendras, et plus tu grandiras.

Je ne veux pas que tu aies peur de l'échec. Je veux que tu marches courageusement vers tes rêves, même si cela signifie tomber de temps en temps. Et quand tu tomberas, souviens-toi que je serai toujours là pour te relever, pour te rappeler que chaque chute est une opportunité de devenir encore plus forte.

---

# Chapitre 3 : La résilience, une force intérieure

Ma chère fille,

La vie est un voyage semé d'embûches. Tu rencontreras des moments où tout semblera s'effondrer, où l'espoir semblera s'éloigner comme un rivage lointain. Pourtant, ce sont précisément ces moments de crise qui révèlent ta véritable force : la résilience. Cette capacité à te relever après chaque chute, à reconstruire même lorsque tout paraît brisé, est l'un des plus beaux cadeaux que tu puisses cultiver dans ta vie.

**La Résilience : Une Leçon Universelle**

Les épreuves font partie intégrante de l'existence. Mais ce qui compte, ce n'est pas tant ce qui t'arrive que la manière dont tu choisis d'y répondre. Chaque blessure peut devenir une marque de beauté, chaque échec une opportunité de renouveau.

**Perspective Culturelle : Le Kintsugi, l'Art de Sublimer les Cicatrices**

Dans la culture japonaise, il existe un art ancestral appelé *Kintsugi*. Lorsqu'un objet en céramique se brise, il n'est pas jeté ni caché. Au lieu de cela, les artisans le réparent en remplissant ses fissures avec de l'or liquide. Chaque réparation transforme l'objet en une œuvre d'art unique, plus précieuse encore qu'avant.

Le *Kintsugi* enseigne que nos cicatrices ne sont pas des défauts à dissimuler. Elles sont des témoignages de survie, de persévérance et de courage. Chaque ligne dorée raconte une histoire de résilience, de renaissance et de triomphe sur l'adversité.

**Expérience Personnelle : Transformer l'Échec en Force**

Je me souviens d'un moment de ma vie avec laquelle cette idée a pris tout son sens. J'avais investi des mois de travail dans un projet professionnel ambitieux. Je croyais fermement en son succès, mais malgré tous mes efforts, tout s'est écroulé. L'échec a été brutal, et mon premier réflexe a été de me replier sur moi-même, de cacher cet échec comme une honte.

Un jour, lors d'une conversation avec un ami proche, j'ai confié ce que je traversais. Il m'a écouté avec bienveillance et m'a répondu :

*"Tu sais, tes erreurs sont comme les fissures d'un bol en céramique. Tu peux choisir de les cacher ou de les réparer avec de l'or. Ce sont ces cicatrices qui feront ta véritable valeur."*

Ces mots m'ont frappé de plein fouet. Pour la première fois, j'ai vu cet échec autrement. Plutôt que de me définir par mes erreurs, j'ai choisi d'en faire des leçons précieuses. J'ai tiré des enseignements de cette expérience, ajusté mes méthodes et poursuivi mes rêves avec plus de sagesse et de confiance.

### Ton Chemin de Résilience

Ma fille, tu rencontreras toi aussi des moments où la vie te mettra à l'épreuve. Tu auras envie d'abandonner, de penser que tu n'es pas assez forte. Mais souviens-toi toujours du *Kintsugi*. Chaque coup que tu subiras, chaque chute que tu vivras, pourra devenir une partie précieuse de ton histoire, si tu choisis de transformer tes blessures en or.

La résilience n'est pas l'absence de douleur, mais la capacité à grandir à travers elle. C'est accepter que la perfection est un mythe et que la vraie beauté réside dans ton courage à reconstruire, encore et encore.

Alors, lorsque tu fais face à l'adversité, demande-toi : *Comment puis-je transformer cette épreuve en une force ? Quelles lignes dorées puis-je tracer à partir de mes défis ?* Si tu apprends à voir chaque difficulté comme une opportunité de grandir, aucun obstacle ne pourra jamais te briser complètement.

**Message Final :**

Les fissures de la vie ne sont pas des marques de faiblesse, mais des symboles de ton humanité. Que chaque épreuve devienne une ligne d'or dans ton histoire, et que chaque chute soit le début d'une nouvelle ascension.

## 3.1 : Surmonter les obstacles avec grâce : Des outils pratiques et des récits inspirants

Ma chère fille,

La vie est pleine d'obstacles. Certains surgissent sans prévenir, d'autres se construisent progressivement sous nos pas, mais tous partagent une chose en commun : ils nous forcent à puiser au plus profond de nous-mêmes pour continuer d'avancer. Ce que je veux que tu retiennes, c'est que la manière dont tu fais face à ces obstacles définira non seulement ton chemin, mais aussi la personne que tu deviendras.

Quand je parle de surmonter les obstacles "avec grâce", je ne veux pas dire que tu dois ignorer la douleur ou prétendre que tout va bien. Non, surmonter un obstacle avec grâce signifie affronter les défis avec courage, humilité et sagesse. Cela signifie reconnaître tes émotions, chercher des solutions et apprendre des épreuves, sans te laisser submerger par la colère ou l'amertume.

**Une histoire de ma vie : La falaise de l'impossible**

Permets-moi de te raconter une expérience personnelle. Quand j'avais une vingtaine d'années, j'ai décidé de gravir une montagne lors d'un voyage avec des amis. L'ascension semblait faisable au départ, mais à mi-chemin, nous avons rencontré une falaise abrupte qui semblait infranchissable. Certains de mes amis ont abandonné, mais je me suis obstiné. Je voulais prouver que j'étais capable, non pas pour les autres, mais pour moi-même.

Après plusieurs tentatives infructueuses, je me suis retrouvé seul face à cette paroi, les mains écorchées et les muscles brûlants. Une petite voix en moi m'incitait à renoncer, mais une autre, plus forte, me disait : "*Prends une pause, réfléchis, et essaye autrement.*" Alors, j'ai reculé, observé la falaise sous un autre angle, et trouvé une prise que je n'avais pas vue avant. Cette fois-ci, j'ai réussi à passer.

Cette expérience m'a appris deux choses importantes : d'abord, les obstacles ne sont jamais aussi insurmontables qu'ils en ont l'air. Ensuite, il est essentiel de prendre du recul et de changer de perspective lorsque la route paraît bloquée. Parfois, une solution inattendue se trouve juste sous nos yeux, mais nous sommes trop concentrés sur notre frustration pour la voir.

**Les outils pour surmonter les obstacles**

Je veux te donner quelques outils pratiques que j'ai découverts au fil des ans. Ces outils m'ont aidé à transformer mes défis en opportunités, et je suis convaincu qu'ils pourront t'aider aussi :

**1. Accepter la réalité**

La première étape pour surmonter un obstacle est de l'accepter. Refuser de voir la réalité ou se complaire dans le déni ne fait qu'aggraver les choses. Par exemple, si tu échoues à un examen ou perds une opportunité importante, accepte que cela fait partie de la vie. Ce n'est pas une fin, mais une étape.

**2. Diviser le problème en morceaux**

Lorsque tu fais face à une montagne, essaie de la décomposer en collines. Au lieu de te concentrer sur l'ensemble du défi, identifie de petites étapes que tu peux gérer une à une. Cela rend les choses beaucoup moins intimidantes.

**3. Demander de l'aide**

N'aie jamais honte de tendre la main. J'ai appris à mes dépens que vouloir tout gérer seul peut te conduire à l'épuisement. Quand j'ai traversé une période difficile dans ma carrière, c'est en écoutant les conseils d'un collègue expérimenté que j'ai trouvé une nouvelle voie. Chercher de l'aide est une preuve de force, pas de faiblesse.

**4. Cultiver une attitude positive**

Une des clés pour surmonter les défis est de croire que chaque problème a une solution. Cela ne signifie pas que tu dois ignorer les aspects négatifs, mais plutôt que tu dois rester optimiste quant à ta capacité à surmonter la situation.

## Situations contemporaines : Des leçons à retenir

### Technologie et Éthique

### Usage Responsable des Réseaux Sociaux

Un soir, après le dîner, ta cousine Emma m'a montré une publication qu'elle s'apprêtait à poster sur Instagram : un selfie sympa, mais accompagné d'un commentaire sarcastique visant une camarade de classe. Je lui ai demandé :

- *"Tu es sûre que c'est ce que tu veux montrer de toi ?"*

Elle a haussé les épaules :

- *"Ce n'est qu'une blague... Tout le monde le fait."*

Je lui ai expliqué que les mots ont un impact, même dans le monde virtuel. Une publication peut blesser, même si ce n'est pas l'intention. Après réflexion, elle a supprimé la légende et choisi quelque chose de positif à la place. Quelques jours plus tard, elle a reçu des messages de gratitude d'amis touchés par son nouveau ton bienveillant.

## Protection de la Vie Privée en Ligne

Quand j'étais plus jeune, un collègue de travail a vécu une expérience effrayante. Il avait partagé trop d'informations personnelles sur un forum en ligne. Un jour, il a découvert que quelqu'un utilisait ses photos pour créer un faux profil sur un site de rencontres.

Cela l'a bouleversé, mais il a réussi à signaler et à faire supprimer le compte. Depuis ce jour, il est devenu plus vigilant : il ne poste jamais ses coordonnées, ses lieux de résidence ou ses plans de voyage en temps réel. Je veux que tu sois tout aussi prudente : partage ce que tu veux, mais souviens-toi que tout ce qui est en ligne peut être vu bien au-delà de ton cercle d'amis.

## Cyberharcèlement

Je me souviens d'un moment où ton amie Laura a été victime de cyberharcèlement. Des messages méchants circulaient dans un groupe WhatsApp de la classe. Beaucoup ont vu, mais personne n'a rien dit.

Un jour, tu m'as demandé :

- *"Papa, est-ce que ça sert vraiment à quelque chose de signaler ces trucs ? Personne n'écoute."*

Je t'ai encouragée à ne pas rester passive. Tu as fini par en parler à ton prof principal, qui a pris l'affaire très au sérieux. Grâce à ton intervention, les harceleurs ont été confrontés à leurs actes et Laura a reçu le soutien dont elle avait besoin. Tu as montré que même un geste simple peut tout changer.

## Désinformation et Fact-Checking

Pendant ton projet scolaire sur le changement climatique, tu étais frustrée parce que certaines sources disaient tout et son contraire. Je t'ai montré comment vérifier la fiabilité d'un site web, chercher des études scientifiques et comparer les informations.

À la fin du projet, tu m'as dit :

- *"C'est fou de voir combien de fausses infos circulent. Maintenant, je ne crois plus tout ce que je lis."*

Cette leçon te servira toute ta vie : ne te fie jamais à un seul point de vue. Cherche toujours la vérité avec esprit critique.

## Enjeux Sociétaux Actuels

### Conscience Environnementale

Un samedi matin, tu as rejoint une action écologique dans ton quartier. Armée de gants et de sacs-poubelle, tu as aidé à nettoyer le parc local.

En rentrant, fatiguée, mais fière, tu as déclaré :

- *"Papa, c'était dur, mais ça valait le coup. Le parc est tellement plus beau maintenant."*

Ce jour-là, tu as compris que chaque petit geste compte. Le monde ne changera pas d'un coup, mais chaque action positive laisse une empreinte.

### Engagement Citoyen

Je me souviens du jour où tu as participé à une collecte alimentaire. Tu as passé tout l'après-midi à aider les bénévoles à trier et à distribuer des denrées.

À la fin, un homme âgé t'a pris la main et t'a remercié sincèrement :

- *"Vous êtes notre avenir. Merci de ne pas nous oublier."*

Tu m'as avoué plus tard que tu n'avais jamais réalisé à quel point de simples gestes pouvaient apporter du réconfort. L'engagement citoyen, ce n'est pas seulement une responsabilité, c'est aussi une source de satisfaction personnelle.

**Égalité des Genres**

Lors d'un débat scolaire sur l'égalité des genres, tu étais hésitante à prendre la parole. Mais après avoir entendu des idées biaisées sur ce que "devraient" faire ou ne pas faire les filles, tu as levé la main et partagé ton point de vue.

Après le débat, tu m'as dit :

- *"Je pensais que mon avis ne comptait pas... mais en parlant, j'ai vu que ça pouvait faire réfléchir."*

Tu as compris que se taire, c'est laisser les inégalités perdurer. Ta voix compte, et chaque discussion est une opportunité de faire évoluer les mentalités.

**Diversité Culturelle**

Je me souviens de cette fête interculturelle organisée par ton école. Chaque élève devait présenter un plat ou une tradition de son pays d'origine. Tu étais fascinée par la richesse des cultures et par la diversité des saveurs.

Plus tard, tu m'as dit avec enthousiasme :

- *"Papa, on est tous si différents, mais on se ressemble plus que je ne le pensais."*

Cette fête t'a appris que la diversité n'est pas un obstacle, mais une richesse infinie. Apprends toujours à découvrir les autres, car chaque rencontre est une occasion de grandir.

## L'histoire de l'arbre qui plie sans rompre

Je me souviens aussi d'une autre leçon que j'ai apprise lors d'une tempête dans mon enfance. Pendant un orage violent, j'ai vu un grand chêne déraciné, mais un petit arbre plus flexible restait debout, malgré les vents puissants. C'est ma grand-mère qui m'a expliqué : "*L'arbre flexible survit parce qu'il plie sans rompre.*"

Cette leçon m'est restée en mémoire. Dans la vie, il faut savoir être adaptable. Quand les vents soufflent trop fort, il est parfois nécessaire de plier temporairement au lieu de s'obstiner. Cela ne signifie pas abandonner tes principes, mais être assez sage pour ajuster tes plans.

## Transformer les échecs en tremplins

Je veux aussi que tu saches qu'échouer n'est pas l'opposé de réussir. C'est une partie essentielle du processus. Chaque fois que tu tombes, tu as l'opportunité d'apprendre quelque chose de nouveau.

Par exemple, lorsque j'ai perdu un emploi que j'aimais beaucoup, j'étais anéanti. Mais cette perte m'a poussé à explorer une nouvelle carrière, qui s'est finalement révélée bien plus épanouissante. Sans cet échec initial, je n'aurais jamais découvert ma véritable passion.

## Ton chemin, ta grâce

Ma fille, les obstacles que tu rencontreras dans la vie ne sont pas là pour te briser, mais pour te façonner. Tu es plus forte que tu ne le crois, et chaque défi que tu surmonteras te rendra encore plus résiliente.

Souviens-toi que tu n'es pas seule dans ce voyage. Je suis là, non pas pour effacer les pierres sur ton chemin, mais pour t'aider à trouver la force de les déplacer toi-même. Chaque obstacle surmonté avec grâce est une victoire, une preuve de ta capacité à transformer l'adversité en lumière.

**Questions de Réflexion :**

- Comment ai-je réagi face à un défi récent ?
- Que puis-je apprendre d'un échec passé ?

**Exercice Pratique :**

- **Défi de Résilience :** Identifie un obstacle actuel et divise-le en petites étapes. Chaque jour, accomplis une action concrète pour le surmonter.

## 3.2 : Savoir demander et offrir du soutien : L'art de se connecter dans les moments de vulnérabilité

Ma chère fille,

Dans ce voyage qu'est la vie, il est presque inévitable que nous rencontrions des périodes de difficulté où tout semble s'effondrer autour de nous. Pourtant, ce n'est pas dans l'isolement que nous trouvons la force nécessaire pour nous relever, mais dans les connexions humaines, celles qui nous soutiennent et nous permettent de devenir meilleurs. Demander de l'aide n'est ni un signe de faiblesse ni un aveu d'échec. C'est, au contraire, une démonstration de sagesse et de courage.

Je me souviens d'une période de ma vie avec laquelle j'ai appris cette leçon de manière indélébile. J'étais jeune, dans les premières années de ma carrière et ambitieux à l'excès. À force de vouloir prouver ma valeur, j'avais pris plus de responsabilités que je ne pouvais réellement gérer. Chaque jour devenait un combat contre le temps, le stress et la peur de ne pas être à la hauteur. Plutôt que de partager mon fardeau ou de demander conseil, je me suis isolé dans une spirale de frustration et de fatigue.

Un soir, après une énième journée où tout semblait me glisser entre les doigts, je suis allé voir mon père. Je n'avais pas l'intention de lui parler de mes problèmes. Mais, comme il le faisait toujours, il a lu en moi sans que je dise un mot. Il m'a écouté longuement, patiemment, alors que je déballais tout ce que je gardais en moi depuis des mois. Et il m'a offert un simple conseil qui a transformé ma manière d'appréhender les épreuves : "*La force ne réside pas dans la perfection ou dans l'endurance à tout prix. Elle réside dans ta capacité à reconnaître que tu ne peux pas tout affronter seul.*"

## Apprendre à demander de l'aide

Nous avons souvent peur de demander de l'aide parce que nous pensons que cela nous rend vulnérables, faibles, ou que nous serons jugés. Mais il est important de comprendre qu'il n'y a rien de plus humain que de reconnaître nos limites.

Lorsque tu te retrouves dans une situation difficile, souviens-toi de ceci : il y a des personnes autour de toi qui t'aiment et qui sont prêtes à t'aider. Il peut s'agir de tes amis, de ta famille ou même d'un mentor. Ils ne peuvent pas toujours deviner ce que tu traverses, et c'est pourquoi il est essentiel de trouver le courage d'exprimer ce que tu ressens.

J'ai appris qu'en partageant mes préoccupations, j'invitais non seulement du soutien dans ma vie, mais aussi des nouvelles perspectives. Ce n'est pas parce qu'une difficulté semble insurmontable pour toi qu'elle l'est pour quelqu'un qui possède une autre expérience ou une autre vision des choses.

## L'importance d'offrir du soutien aux autres

Il est tout aussi important de savoir offrir son aide que de la demander. Les relations humaines se nourrissent de réciprocité. Quand tu tends une main à quelqu'un qui en a besoin, tu ne fais pas que soulager son fardeau : tu renforces également les liens qui vous unissent.

Je me souviens d'un collègue qui traversait une période difficile : il venait de perdre un proche et avait du mal à jongler avec son deuil et les exigences du travail. Bien que j'étais moi-même très occupé, je me suis permis de prendre le temps de l'écouter et de l'encourager. Quelques mois plus tard, lorsqu'il s'est rétabli, il m'a confié que ce simple geste de soutien avait eu un impact énorme sur sa capacité à surmonter cette épreuve.

**Créer un environnement de confiance**

Pour que les échanges d'aide soient sincères et efficaces, il faut d'abord créer un environnement de confiance. Cela implique d'être honnête, respectueuse et attentive dans tes relations. Les gens ne se sentent à l'aise de partager leurs vulnérabilités que lorsqu'ils savent qu'ils ne seront pas jugés ou critiqués.

Dans notre famille, nous avons toujours valorisé ces échanges ouverts. J'espère que tu continueras cette tradition. Rappelle-toi : une écoute attentive et un cœur ouvert sont souvent plus puissants que les solutions que l'on pourrait proposer.

**Des outils pour cultiver l'entraide**

Pour t'aider à développer cette capacité à demander et à offrir du soutien, voici quelques principes qui m'ont été utiles :

1. **Sois proactive** : Si tu vois quelqu'un en difficulté, propose ton aide. Même un simple mot d'encouragement peut faire une grande différence.

2. **Exprime-toi clairement** : Lorsque tu as besoin d'aide, explique ce que tu ressens et ce dont tu as besoin avec honnêteté.

3. **Sois reconnaissante** : Chaque geste d'aide, qu'il soit petit ou grand, mérite d'être reconnu. Dire *merci* renforce les liens et encourage les autres à continuer d'offrir leur soutien.

**4. Pratique l'écoute active** : Lorsque quelqu'un vient à toi, donne-lui toute ton attention. Ne cherche pas immédiatement à donner des conseils, mais sois présente dans l'instant.

Ma fille n'oublie jamais que demander de l'aide et offrir du soutien sont les fondations des relations humaines. Cela ne te rendra jamais moins forte ; cela te rendra plus humaine, plus connectée, et finalement, plus résiliente.

# Chapitre 4 : Les relations humaines, un trésor à cultiver

Ma chère fille,

Dans ce vaste monde où tant de chemins se croisent et se séparent, les relations humaines sont comme des pierres précieuses : rares, précieuses, mais nécessitant soin et attention pour briller de tout leur éclat. Peu importe la direction que prendra ta vie ou les succès que tu accumuleras, ce qui restera profondément ancré dans ton cœur, ce sont les connexions que tu auras créées avec les autres.

Les relations humaines, qu'elles soient amicales, familiales ou amoureuses, ne se construisent pas par hasard. Elles demandent du temps, de la patience et, surtout, une volonté sincère de comprendre et de respecter l'autre. Nous vivons dans une époque où tout semble aller vite, où les interactions se réduisent parfois à quelques mots écrits sur un écran. Pourtant, les vraies relations ne s'épanouissent pas dans la superficialité ; elles naissent dans l'authenticité, dans ces moments partagés qui laissent une empreinte indélébile sur nos vies.

Je me souviens d'un ami que j'ai rencontré dans ma jeunesse. Nos débuts étaient loin d'être prometteurs : nous avions des personnalités très différentes, presque opposées. Lui était impulsif, prêt à sauter dans l'inconnu sans réfléchir, tandis que moi, je préférais planifier chaque détail. Mais avec le temps, cette relation a révélé sa juste valeur. Nous avons appris à tirer le meilleur de nos différences, et ce lien, forgé par l'acceptation et la compréhension, est devenu un pilier dans ma vie.

Dans ce chapitre, je veux te parler de l'importance de cultiver ces trésors invisibles : tes relations. Que ce soit en montrant de la gratitude, en pardonnant les erreurs ou en étant simplement présente, tu découvriras que les liens humains ne se mesurent pas en grandeur, mais en profondeur.

Souviens-toi toujours : les relations humaines sont des miroirs. Ce que tu donnes, tu le reçois en retour. Si tu investis ton énergie, ton respect et ton amour, tu en récolteras des fruits qui enrichiront ta vie bien au-delà de ce que tu peux imaginer.

Prête attention à ce trésor, car il est le fil invisible qui tissera le tissu de ta vie.

## 4.1 : L'amitié dans toutes ses nuances : Entretenir des amitiés sincères, même face aux épreuves

Ma chère fille,

L'amitié est un des plus beaux cadeaux que la vie puisse offrir. Contrairement aux relations familiales, qui nous sont imposées par la naissance, l'amitié naît d'un choix mutuel. Elle est ce lien unique qui transcende les différences, s'enrichit de moments partagés et s'éprouve dans les épreuves.

Quand je pense à l'amitié, je me rappelle un moment précis de ma jeunesse. Un de mes amis proches, que j'appellerai Julien, et moi, avions toujours été inséparables. Nous avions grandi ensemble, partagé des rêves et traversé des épreuves. Mais un jour, un malentendu s'est glissé entre nous. Il n'était pas question de trahison ou de grandes paroles, juste d'un moment où nos perceptions et nos attentes différaient.

À cette époque, j'aurais pu choisir la facilité : laisser cette relation s'effriter et poursuivre ma route. Mais je savais que les amitiés profondes méritent qu'on se batte pour elles. J'ai pris le temps de réfléchir, de comprendre sa perspective et, surtout, de lui parler. Ce jour-là, j'ai appris que l'amitié, comme toute relation précieuse, repose sur deux piliers essentiels : la communication honnête et la capacité à pardonner.

**Les piliers d'une amitié sincère**

Premièrement, il est essentiel de comprendre que chaque amitié est unique. Certaines relations seront légères et pleines de rires, tandis que d'autres auront une profondeur qui résistera à l'épreuve du temps. Les deux ont leur valeur, mais les amitiés sincères, celles qui enrichissent vraiment la vie, demandent des efforts constants.

La communication est au cœur de ces amitiés. Il ne s'agit pas seulement de parler, mais de réellement écouter, d'être présent pour l'autre dans les moments de joie comme dans ceux de doute. Cela demande de poser des questions sincères, d'offrir un espace avec lequel l'autre se sent en sécurité pour partager ses pensées sans peur du jugement.

Pardonner est le second pilier. Nous sommes tous humains ; nous faisons tous des erreurs. Une amitié sincère n'exige pas la perfection, mais la capacité à reconnaître les erreurs, à s'excuser et à avancer ensemble. Pardonner ne signifie pas ignorer les problèmes, mais choisir de ne pas laisser les rancunes obscurcir la relation.

**Les amitiés face aux épreuves**

Ma fille, il est facile de rester proche d'un ami lorsque tout va bien. Les vrais tests viennent dans les moments difficiles : un malentendu, une épreuve personnelle, ou même une distance physique ou émotionnelle.

Julien et moi avons traversé l'épreuve du malentendu, mais il y a aussi eu une période où nos vies nous ont éloignés. Il a déménagé pour son travail, et la distance a rendu nos échanges moins fréquents. Pendant des mois, j'ai douté que cette amitié puisse survivre. Mais j'ai compris que certaines amitiés nécessitent de l'attention, même à distance. J'ai pris l'habitude de lui écrire une lettre tous les deux mois, racontant mes petits succès, mes défis, et lui demandant des nouvelles. Il faisait de même, et, bien que nous soyons physiquement loin, ce rituel a maintenu notre lien intact.

Quand Julien a perdu son père, il m'a appelé au milieu de la nuit. Sans hésitation, je suis monté dans ma voiture pour le rejoindre, même si cela signifiait plusieurs heures de route. Ce geste, simple, mais sincère, a renforcé notre lien plus que jamais.

C'est cela, ma fille, qu'il faut retenir : les vrais amis sont là non seulement dans les moments heureux, mais aussi dans les instants sombres.

**Entretenir des amitiés malgré les différences**

Dans une amitié sincère, il est crucial de reconnaître et d'accepter les différences. Julien et moi étions très différents dans nos personnalités. Il aimait prendre des risques, tandis que je préférais analyser les situations avant de prendre une décision. Ces différences, qui auraient pu nous diviser, sont devenues une force. Il m'a appris à être plus spontané, et je lui ai montré l'importance de la réflexion.

Chaque ami que tu rencontreras t'apportera quelque chose d'unique. Il est important de célébrer ces différences, plutôt que de les percevoir comme des obstacles. L'amitié est un échange, un équilibre entre donner et recevoir, apprendre et enseigner.

**Des outils pratiques pour entretenir l'amitié**

Voici quelques conseils que j'aimerais te partager pour entretenir des amitiés sincères :

1. **Prends le temps**. Même dans les vies les plus chargées, il est essentiel de réserver des moments pour tes amis. Une simple conversation peut faire une grande différence.

**2. Sois honnête**. Si quelque chose te dérange ou te blesse, parles-en. Les non-dits peuvent empoisonner une relation.

**3. Exprime ta gratitude**. Remercie tes amis pour leur présence, leur soutien et leur influence positive sur ta vie. Une petite note ou un message peut illuminer leur journée.

**4. Sois là, vraiment là**. Dans les moments importants, montre que tu es une amie sur laquelle on peut compter.

**5. Rappelle-toi que les amitiés évoluent**. Certaines amitiés s'affaiblissent avec le temps, et ce n'est pas un échec. Chéris les moments partagés, même si la relation change.

Ma chère fille, cultiver des amitiés sincères est un art qui demande patience et attention. Mais les récompenses sont immenses. Ces relations enrichiront ta vie, te soutiendront dans les moments difficiles, et te rappelleront que, dans ce vaste monde, tu n'es jamais seule.

**Questions de Réflexion :**

- Comment puis-je être une meilleure amie ?
- Ai-je des amitiés que je devrais nourrir davantage ?

**Exercice Pratique :**

- **Défi de Bienveillance :** Complimente une amie ou fais un geste attentionné chaque jour pendant une semaine.

## 4.2 : Naviguer dans les Eaux de l'Amour : Des Conseils sur la Communication et le Respect dans une Relation Amoureuse

Ma chère fille,

L'amour, sous toutes ses formes, est une aventure unique, profonde et parfois complexe. Une relation amoureuse peut être l'un des aspects les plus enrichissants de ta vie, mais elle nécessite des efforts constants. Contrairement à ce que beaucoup pensent, l'amour ne se limite pas aux émotions intenses ; il se construit sur des bases solides de communication, de respect mutuel et d'engagement sincère. Aujourd'hui, je veux partager avec toi quelques réflexions et expériences qui, je l'espère, te guideront dans cette quête délicate.

**Le Pouvoir des Mots Bien Choisis**

La communication est l'élément vital de toute relation amoureuse. Sans elle, même les sentiments les plus profonds peuvent s'effriter. Je me souviens d'une période particulière avec ta mère, où nos journées semblaient envahies par les responsabilités et les obligations. Nous étions tous les deux fatigués, et les conversations devenaient de simples échanges logistiques :

- *"As-tu fait ça ?"*
- *"N'oublie pas ceci."*

Un soir, en revenant à la maison, j'ai vu l'épuisement dans ses yeux. Au lieu de continuer cette routine silencieuse, je me suis assis avec elle et, pour la première fois depuis des semaines, je lui ai simplement demandé :

- *"Comment te sens-tu ?"*

Ce moment de vulnérabilité a ouvert une porte : nous avons parlé, ri, et même pleuré un peu. Ce simple geste nous a rapprochés.

Ce que je veux te dire, ma fille, c'est que les mots ont un pouvoir immense. Prends le temps d'écouter ton partenaire, de poser des questions sincères et d'exprimer ce que tu ressens. Même dans les moments difficiles, choisis tes mots avec soin ; ils peuvent apaiser ou blesser.

**Respecter l'Individualité de l'Autre**

L'amour ne signifie pas perdre ton identité ou celle de ton partenaire. Au contraire, une relation saine respecte et célèbre les individualités de chacun. Ta mère et moi avons des centres d'intérêt différents. Elle aime le jardinage, tandis que je préfère la lecture. Pendant longtemps, je ne comprenais pas pourquoi elle passait autant de temps à s'occuper de ses plantes. Mais j'ai appris à l'apprécier à travers ses yeux.

Un jour, elle m'a invité à planter un arbre avec elle. Ce moment, bien que simple, m'a permis de mieux comprendre ce qui la rend heureuse. Cela m'a aussi rappelé que l'amour consiste à soutenir l'autre dans ses passions, même si elles diffèrent des nôtres.

N'oublie jamais : aimer quelqu'un ne signifie pas s'effacer ou le changer, mais l'accepter dans sa singularité.

**Gérer les Conflits avec Maturité**

Les désaccords sont inévitables dans une relation amoureuse. Cependant, c'est la manière dont vous les gérez qui détermine la force de votre lien.

Je me souviens d'un conflit marquant avec ta mère. Nous étions en désaccord sur une décision financière importante. Les tensions étaient palpables, et la discussion s'est envenimée. Mais au lieu de laisser la colère prendre le dessus, nous avons décidé de faire une pause. Cette décision a été cruciale. Elle nous a permis de revenir plus calmes et ouverts à la discussion.

Ce que cette expérience m'a appris, c'est qu'il est essentiel de ne pas laisser les émotions dicter nos actions. Respire, réfléchis, puis exprime ton point de vue avec respect. Et surtout, sois prête à écouter l'autre avec un esprit ouvert.

**Les Petits Gestes qui Comptent**

Les grandes déclarations d'amour sont belles, mais ce sont souvent les petits gestes du quotidien qui nourrissent une relation. Préparer une tasse de thé, écrire un mot doux, ou simplement prendre le temps de partager un moment ensemble : ces attentions montrent à ton partenaire qu'il est important pour toi.

Je me souviens qu'un matin, alors que j'étais stressé par une présentation importante, ta mère a discrètement glissé une note dans ma mallette. Elle y avait écrit :

- *"Je crois en toi. Tu es plus fort que tu ne le penses."*

Ce petit geste m'a donné une immense confiance ce jour-là.

Prends l'habitude d'exprimer ton amour, non seulement par des mots, mais aussi par de simples actions sincères.

**L'Importance du Respect Mutuel**

Ma fille, il n'y a pas d'amour sans respect. Ce respect se manifeste dans la façon dont tu parles à ton partenaire, dont tu considères ses besoins et dont tu reconnais ses limites.

Je me rappelle un moment où ta mère et moi étions en désaccord sur la manière d'éduquer ton frère. À l'époque, il traversait une phase difficile à l'école, et nous avions des opinions complètement opposées sur la manière de gérer la situation.

Un soir, alors que nous discutions dans le salon, la tension était palpable.

- *"Je pense qu'il a besoin de plus de discipline,"* avais-je dit d'un ton ferme. *"Il doit apprendre à gérer ses responsabilités par lui-même."*

Ta mère m'a regardé, visiblement contrariée.

- *"Et moi, je crois qu'il a besoin de soutien, pas de pression supplémentaire,"* a-t-elle rétorqué calmement. *"Il traverse une période difficile. Si nous sommes trop sévères, il pourrait se refermer sur lui-même."*

Ce désaccord aurait pu dégénérer en conflit, mais nous avons fait une pause. Après quelques minutes de silence, je lui ai demandé :

- *"Pourquoi penses-tu que notre approche actuelle ne fonctionne pas ?"*

Elle a pris une profonde inspiration et m'a répondu :

- *"Parce que j'ai vu son regard quand on lui a parlé la dernière fois. Il avait l'air d'avoir peur de nous décevoir, et ça m'a brisé le cœur. Ce n'est pas en le forçant qu'il grandira, mais en l'encourageant."*

Ces mots m'ont frappé. Je n'avais pas vu les choses sous cet angle.

- *"Tu as raison,"* ai-je finalement admis. *"Je ne veux pas qu'il ait peur de nous. Peut-être que nous devrions essayer une approche différente, plus axée sur l'écoute et le dialogue."*

Ce soir-là, nous avons trouvé un terrain d'entente.

**Les Relations sont un Voyage, pas une Destination**

Ma fille, l'amour est un chemin, parsemé de défis, de découvertes et de moments magiques. Chaque relation est unique, et il n'existe pas de recette universelle pour réussir. Ce qui compte, c'est de s'engager pleinement, avec sincérité et courage.

N'aie pas peur de faire des erreurs ou de te tromper ; elles font partie du voyage. Ce qui importe, c'est la manière dont tu choisis d'apprendre, de grandir et de te reconnecter.

L'amour, dans toute sa complexité, est l'un des plus beaux aspects de la vie. Garde toujours en tête que la communication, le respect et les petits gestes sont les pierres angulaires de toute relation durable. Et surtout, rappelle-toi que tu mérites d'être aimée pour la personne extraordinaire que tu es.

# Chapitre 5 : Prendre soin de toi, pour briller plus fort

Ma chère fille,

Dans ce tourbillon qu'est la vie, il est facile de s'oublier. Les responsabilités, les attentes des autres et les pressions extérieures peuvent rapidement te submerger. Pourtant, il y a une vérité simple et essentielle que je veux que tu n'oublies jamais : pour pouvoir donner le meilleur de toi-même au monde, tu dois d'abord apprendre à te donner le meilleur à toi-même.

Prendre soin de toi n'est pas un acte d'égoïsme ; c'est un geste d'amour envers la personne la plus importante de ta vie : toi. Cela ne signifie pas simplement veiller à ta santé physique, mais aussi nourrir ton esprit, écouter ton cœur et honorer ton âme.

Je te parle souvent de la lumière intérieure que chacun porte en soi. Cette lumière, c'est ton énergie, ta joie, ta créativité. Si tu la négliges, elle s'atténue peu à peu, et avec elle, ton élan vital. Mais si tu en prends soin, si tu apprends à la protéger et à la nourrir, elle brillera de mille feux et illuminera tout ce que tu entreprends.

Ce chapitre est une invitation à explorer les multiples facettes de ce soin de soi. À travers mes expériences et mes leçons de vie, je souhaite te montrer l'importance de te prioriser, de connaître tes limites et de trouver des moments pour te recentrer. Parce qu'une vie épanouie commence par un esprit serein, un corps en harmonie et une âme apaisée.

Alors, ma fille, fais de toi une priorité. Non pas pour te retirer du monde, mais pour pouvoir y contribuer avec toute la richesse de ton être.

## 5.1 : Santé mentale et émotions : Comprendre et gérer tes émotions avec bienveillance

Ma chère fille,

Les émotions sont une part essentielle de ce que nous sommes. Elles te guident, t'alertent, t'inspirent et parfois te déstabilisent. Apprendre à comprendre et à gérer tes émotions est une compétence précieuse, une clé pour vivre avec sérénité et authenticité. Ce n'est pas une tâche simple, mais avec de la bienveillance envers toi-même, tu peux développer cette force intérieure.

Je veux te raconter une expérience personnelle. Lorsque j'étais plus jeune, j'avais l'habitude de refouler mes émotions. Je pensais que montrer ma vulnérabilité était une faiblesse. J'étais convaincu que pour être fort, il fallait tout garder pour soi, même lorsque le monde semblait s'effondrer autour de moi. Mais cette approche ne faisait que m'éloigner de moi-même et des autres.

Je me souviens d'un moment particulier qui m'a appris une leçon importante. J'avais perdu une opportunité professionnelle qui me tenait à cœur. Plutôt que d'exprimer ma tristesse et ma déception, j'ai choisi de m'isoler. Pendant des semaines, j'ai porté ce poids seul, convaincu que je devais "*tenir le coup*". Un jour, ta grand-mère, avec sa sagesse discrète, m'a tendu une tasse de thé et m'a simplement dit : "*Tu n'as pas à porter tout cela seul. Parle-moi.*" Ces quelques mots ont ouvert une brèche en moi. Ce jour-là, j'ai appris que reconnaître mes émotions et les partager ne me rendait pas faible ; cela me libérait.

**Comprendre tes émotions pour mieux les apprivoiser**

Les émotions ne sont ni bonnes ni mauvaises ; elles sont des signaux, comme les indicateurs lumineux sur un tableau de bord. La colère peut révéler une injustice, la tristesse une perte importante et la joie une expérience enrichissante. Mais pour décoder ces signaux, il faut d'abord les accepter. Refuser une émotion, c'est comme ignorer une alerte : cela ne résout rien, et le problème finit souvent par s'amplifier.

Je te recommande de prendre le temps d'identifier ce que tu ressens dans des moments de confusion ou de stress. Pose-toi des questions simples, mais puissantes : *Qu'est-ce qui m'a déclenché cette émotion ? Pourquoi est-elle si intense ? Que puis-je apprendre d'elle ?* Ce sont des réflexes qui demandent de la pratique, mais ils te permettront de mieux te comprendre et d'agir avec plus de lucidité.

**L'art de gérer tes émotions avec bienveillance**

Une fois que tu reconnais une émotion, il est temps d'apprendre à la gérer. Je ne parle pas de l'étouffer ou de la nier, mais de l'accueillir avec douceur. Certaines émotions, comme la tristesse ou la colère, peuvent sembler écrasantes. Dans ces moments-là, il est important de trouver des moyens sains de les exprimer. Pour moi, ce fut l'écriture. J'ai souvent trouvé un réconfort immense en mettant mes pensées et mes sentiments sur papier. Peut-être que pour toi, ce sera la danse, le dessin ou même une longue promenade dans la nature.

Un autre outil qui m'a aidé est la respiration. Cela peut paraître simple, mais prendre quelques instants pour respirer profondément peut calmer ton esprit et te donner l'espace nécessaire pour réagir avec clarté. La prochaine fois que tu te sens submergée, essaie ceci : inspire lentement pendant quatre secondes, retiens ton souffle pendant quatre secondes, puis expire doucement durant six secondes. Répète cet exercice quelques fois. Ce petit rituel peut t'aider à retrouver ton équilibre.

**L'importance de demander de l'aide**

Certaines émotions peuvent être trop lourdes à porter seule. Ne vois jamais cela comme un échec. Au contraire, demander de l'aide est une preuve de force et de courage. Il y a des moments où j'aurais aimé avoir compris cela plus tôt dans ma vie. Une fois, après une période particulièrement difficile,

j'ai décidé de parler à un ami proche. Ce simple acte m'a apporté un soulagement que je ne pensais pas possible. Partager tes pensées et tes sentiments avec quelqu'un en qui tu as confiance peut t'aider à voir les choses sous un autre angle et à alléger ton fardeau.

**L'anecdote d'un moment de vulnérabilité**

Je me souviens d'un jour où j'avais dû faire face à une grande injustice au travail. Mon instinct premier était de me refermer sur moi-même et d'attendre que l'orage passe. Mais en regardant autour de moi, j'ai vu que cette approche ne faisait que me couper des autres. J'ai décidé de parler à ton oncle, qui avait toujours été un modèle de sagesse et de patience. Il m'a écouté sans jugement et m'a offert des perspectives que je n'avais pas envisagées. Ce jour-là, j'ai compris qu'accepter ma vulnérabilité et me confier à quelqu'un n'était pas un signe de faiblesse, mais une manière de guérir et d'avancer.

**Apprends à être patiente avec toi-même**

Il y aura des jours où tu maîtriseras tes émotions avec grâce, et d'autres où elles te paraîtront incontrôlables. Ces jours-là, rappelle-toi que tu es humaine, et que chaque émotion que tu ressens fait partie de ton voyage. Sois douce avec toi-même, et permets-toi de faire des erreurs.

Ce que je souhaite que tu retiennes, c'est que tes émotions sont une boussole, et non une chaîne. Elles peuvent te guider, te transformer et t'apprendre des leçons précieuses. En les comprenant et en les accueillant avec bienveillance, tu peux naviguer à travers les défis de la vie avec force et sérénité.

Ma fille prend soin de ton esprit comme tu prendrais soin d'un jardin : avec patience, amour et attention. C'est en cultivant cet espace intérieur que tu découvriras ta plus grande force.

**Questions de Réflexion :**

- Comment puis-je mieux écouter et comprendre mes émotions ?
- Ai-je pris le temps de m'occuper de moi cette semaine ?

**Exercice Pratique :**

- **Journal de Gratitude :** Chaque soir, écris trois bonnes choses qui te sont arrivées dans la journée, même les plus petites.

## 5.2 : Équilibrer travail, vie et repos : Trouver ton rythme pour éviter le burn-out

Ma chère fille,

Dans le tumulte de la vie moderne, trouver un équilibre entre le travail, la vie personnelle et le repos peut ressembler à un jonglage permanent. Pourtant, cet équilibre est essentiel pour préserver ton bien-être physique et mental. Ne pas respecter ce fragile équilibre peut te conduire à l'épuisement, ou ce que l'on appelle couramment le burn-out. Je tiens à partager avec toi quelques réflexions, fruits de mes expériences et de mes erreurs, afin que tu puisses trouver ton propre rythme.

**Le mythe du "tout donner"**

Il fut un temps où je pensais que réussir signifiait sacrifier tout le reste. Les longues heures de travail, les week-ends passés à avancer sur des projets, et les vacances constamment interrompues par des appels ou des emails étaient mon quotidien. Je croyais qu'être dévoué à mon travail me définissait en tant qu'homme et que pour être respecté, je devais prouver ma valeur en étant toujours disponible et performant.

Ce n'est qu'après une période difficile que j'ai compris que cette manière de vivre n'était ni durable ni saine. Un jour, après une série de nuits blanches et de journées interminables, j'ai ressenti une fatigue si écrasante que même les tâches les plus simples me semblaient insurmontables. Ta mère m'a regardé droit dans les yeux et m'a dit : "*Si tu continues ainsi, tu risques de tout perdre : ton énergie, ta santé, et même la joie de vivre.*" Ses mots ont été un réveil brutal, mais nécessaire.

**Reconnaître les signes avant-coureurs**

Le burn-out ne se manifeste pas soudainement ; il s'installe progressivement. Les premiers signes peuvent être subtils : un manque d'enthousiasme pour des choses qui te passionnaient, des troubles du sommeil, une irritabilité accrue ou une sensation de fatigue constante, peu importe combien de temps, tu te reposes. Ignorer ces signaux peut t'entraîner dans un cercle vicieux où l'épuisement alimente la frustration et l'inefficacité.

Apprends à écouter ton corps et ton esprit. Lorsque tu ressens ces signaux, ne les minimise pas. Il est préférable de faire une pause maintenant plutôt que d'être forcée de tout arrêter plus tard.

**Créer des frontières saines**

L'un des piliers pour éviter l'épuisement est de poser des limites claires entre ton travail et ta vie personnelle. Cela peut sembler difficile, surtout lorsque les attentes professionnelles sont élevées, mais c'est crucial. Apprends à dire non quand tu es surchargée. Rappelle-toi qu'accepter toutes les demandes, même celles qui te paraissent raisonnables, peut t'épuiser à long terme.

Je me souviens d'un moment précis où j'ai appris l'importance de ces frontières. C'était un samedi matin, et je devais emmener ta grande sœur à son match de football. J'avais promis d'être là. Mais un client m'a appelé pour un problème qui, en rétrospective, n'était pas si urgent. Par réflexe, j'ai pris l'appel et passé des heures à résoudre cette question. Résultat : j'ai raté le match. Ce jour-là, ta sœur m'a simplement dit : "*Papa, j'aurais préféré que tu sois là, même si on avait perdu.*"

Depuis, j'ai fait de mon mieux pour établir des règles simples. Par exemple, ne pas répondre aux appels professionnels pendant les moments familiaux, et m'autoriser à déconnecter pleinement après une certaine heure.

**La place essentielle du repos**

Le repos n'est pas un luxe ; c'est une nécessité. Ton corps et ton esprit ont besoin de se régénérer pour fonctionner à leur plein potentiel. Le sommeil est l'un des meilleurs alliés que tu puisses avoir dans cette quête d'équilibre. Je t'encourage à protéger tes nuits de sommeil comme un bien précieux : établis une routine, évite les écrans avant de te coucher, et offre-toi des moments de détente avant de sombrer dans les bras de Morphée.

Au-delà du sommeil, il est également important d'intégrer des pauses dans ta journée. Une technique que j'ai adoptée est la méthode Pomodoro : travailler intensément pendant 25 minutes, puis prendre une pause de 5 minutes. Ces courtes interruptions m'aident à rester concentré et à éviter la fatigue mentale.

**Les bénéfices d'une vie équilibrée**

Trouver ton rythme ne consiste pas seulement à éviter le burn-out ; cela t'aide aussi à mieux apprécier les moments simples et à exceller dans ce que tu fais. Lorsque tu donnes à chaque aspect de ta vie l'attention qu'il mérite, tu te sens plus épanouie et plus en contrôle de ton destin.

Je me souviens d'un voyage en famille que nous avons fait lorsque j'ai commencé à réorganiser mes priorités. Nous étions à la campagne, loin des téléphones et des ordinateurs. Ce fut l'un des moments les plus paisibles de ma vie. Regarder le coucher de soleil avec vous, sans distractions, m'a rappelé pourquoi je travaillais si dur en premier lieu.

### Quelques stratégies pratiques

- **Planifie tes priorités :** Utilise un agenda pour organiser ta semaine. Bloque du temps pour toi, pour ta famille et pour le repos, tout comme tu bloques des rendez-vous professionnels.
- **Définis tes limites :** Si tu travailles à domicile, crée un espace dédié au travail et un horaire précis. Cela t'aidera à "déconnecter" lorsque la journée est terminée.
- **Dis non sans culpabilité :** Chaque fois que tu dis oui à quelque chose, tu dis non à autre chose. Sois sélective et donne la priorité à ce qui compte vraiment.
- **Pratique des activités qui te ressourcent :** Que ce soit une promenade, la lecture ou une conversation avec une amie proche, trouve ce qui te nourrit et fais-en une habitude.

### Apprendre à ajuster ton rythme

Il n'y a pas de formule magique pour équilibrer travail, vie et repos. C'est un processus d'ajustement constant qui évolue avec le temps et les circonstances. Certaines périodes te demanderont plus d'efforts professionnels, tandis que d'autres seront davantage centrées sur ta famille ou sur toi-même. L'essentiel est de rester attentive à tes besoins et à ceux des gens qui comptent pour toi.

Ma fille, souviens-toi que tu n’as pas à être parfaite. L’équilibre n’est pas une destination fixe, mais une danse continue. Apprends à écouter ton corps et ton esprit, et n’oublie jamais que tu es bien plus que la somme de tes accomplissements.

---

# Chapitre 6 : Construire ton propre héritage

Ma chère fille,

L'héritage est bien plus qu'une question d'héritage matériel ou de richesse accumulée. C'est une empreinte que l'on laisse sur les cœurs, un souvenir gravé dans la mémoire des autres, une contribution unique au monde. Chacun de nous construit son propre héritage, consciemment ou non, à travers ses actes, ses paroles et la manière dont il choisit de vivre.

Je me suis souvent demandé ce que je voulais vraiment laisser derrière moi. Était-ce une maison ? Des biens ? Une carrière respectée ? À mesure que les années passaient, ma vision a évolué. Ce que je désirais par-dessus tout, c'était de transmettre des valeurs : l'intégrité, la résilience, la générosité et cet élan de toujours vouloir faire une différence. Ces choses-là, ma fille, ne se trouvent pas dans des coffres ni sur des comptes bancaires. Elles vivent dans les souvenirs et les histoires que les gens racontent à notre sujet.

Construire un héritage demande réflexion et intention. C'est un processus qui commence dès aujourd'hui, dans les petits gestes et les choix que tu fais quotidiennement.

Ce chapitre est une invitation à te demander : *Quel genre de vie veux-tu mener ? Quel impact souhaites-tu avoir sur les autres ? Et surtout, que veux-tu que les gens ressentent en pensant à toi ?*

Je te guiderai à travers les éléments qui m'ont aidé à façonner ma vision de l'héritage : cultiver des valeurs solides, bâtir des relations significatives, et apporter une contribution durable à ton entourage et au monde. Ensemble, explorons comment tu peux commencer à écrire ton histoire unique, celle que d'autres liront avec admiration bien après que tu as quitté la scène.

## 6.1 : L'importance de transmettre et de partager : Des leçons pour inspirer les générations futures

Ma chère fille,

Il y a une puissance immense dans le fait de transmettre. Partager nos expériences, nos connaissances et nos valeurs ne servent pas seulement à éclairer le chemin des autres, mais aussi à donner un sens profond à nos propres vies. J'ai appris, souvent de manière inattendue, que chaque acte de transmission crée un pont entre le passé, le présent et l'avenir.

Quand j'étais jeune, j'avais un mentor, M. Fournier, un vieux voisin à l'esprit vif et à la sagesse désarmante. Il me racontait souvent ses propres échecs et réussites, non pour se vanter ou m'impressionner, mais pour me montrer les leçons qu'il avait tirées de ses erreurs. Une fois, après m'avoir vu hésiter à postuler pour un projet de grande envergure, il m'a confié : " *Ce n'est pas le succès ou l'échec qui compte, mais ce que tu fais de l'expérience. Les graines que tu plantes aujourd'hui, même dans le doute, pourront nourrir quelqu'un demain.*"

Ces mots, je les ai portés en moi toute ma vie, et ils ont guidé mes décisions. Ils me rappellent que nos histoires ne sont pas seulement à nous ; elles sont des héritages que nous pouvons offrir à d'autres. C'est dans cet esprit que je veux te parler de l'art de transmettre et de partager.

### Partager les expériences pour éclairer les autres

La vie est un enchaînement de défis et de triomphes. Ce que tu vis aujourd'hui, d'autres le vivront demain. Lorsque tu partages une expérience, tu leur offres une carte pour naviguer à travers les complexités de leur propre chemin.

Je me souviens d'un moment précis où partager une expérience a eu un impact que je n'aurais jamais imaginé. C'était un jour où j'ai parlé à une jeune collègue, Amélie, qui se sentait submergée par les responsabilités de son premier emploi. Je lui ai raconté l'histoire de mon premier poste, où j'avais commis une erreur monumentale : j'avais envoyé un rapport incomplet à un client important. À l'époque, j'avais cru que ma carrière était finie avant même d'avoir commencé. Mais en prenant la responsabilité de mon erreur et en proposant une solution, j'avais non seulement rétabli la situation, mais aussi gagné la confiance de mon employeur.

Amélie m'a remercié plus tard, non pas pour avoir trouvé une solution à son problème, mais pour lui avoir montré qu'elle n'était pas seule dans ses peurs. Ce simple partage a renforcé sa confiance et lui a donné le courage d'affronter ses défis.

C'est cela, ma fille : transmettre ne signifie pas toujours donner des réponses. Parfois, c'est simplement montrer que nous sommes tous humains, imparfaits et capables de grandir.

**La transmission des valeurs : un trésor inestimable**

Les objets matériels se perdent ou se brisent, mais les valeurs restent. Ce sont des phares qui guident les générations futures dans l'obscurité.

Quand tu étais petite, je me souviens d'un jour où tu voulais abandonner un projet scolaire parce qu'il te semblait trop difficile. Nous avions alors parlé de persévérance, et je t'avais raconté une histoire de ma propre enfance. À 10 ans, je voulais construire une cabane dans le grand arbre derrière notre maison. Après plusieurs tentatives ratées, j'étais prêt à laisser tomber. Mais mon père, ton grand-père, m'avait dit : " *Si c'était facile, tout le monde aurait une cabane. Ce qui rend ton projet spécial, c'est justement l'effort qu'il demande.* "

Ces mots m'avaient marqué, et je les ai transmis à toi ce jour-là. Ce n'était pas simplement une leçon sur un projet scolaire ; c'était une leçon sur la vie. Et aujourd'hui, chaque fois que tu fais preuve de ténacité, je vois cette valeur vivre en toi.

Transmettre des valeurs, c'est planter des graines que l'on ne verra peut-être pas toujours fleurir, mais qui, un jour, porteront leurs fruits.

**Raconter ses erreurs pour enseigner l'humilité**

Il est tentant de ne partager que nos réussites, mais les erreurs, elles, sont souvent bien plus enrichissantes. En parlant de nos échecs, nous offrons aux autres la permission d'échouer eux aussi, sans honte ni peur.

Je me souviens d'une période particulièrement difficile de ma vie professionnelle. J'avais investi énormément de temps et de ressources dans un projet qui, malgré tous mes efforts, avait échoué. L'humiliation était difficile à avaler. Mais en partageant cette expérience avec mes collègues, j'ai réalisé que l'échec n'était pas la fin. C'était une étape, une leçon.

Ces récits d'échec, ma fille, ne sont pas là pour ressasser le passé, mais pour rappeler que l'humilité est une force. Elle nous enseigne à rebondir, à grandir, et à aller de l'avant.

**Créer des souvenirs qui transcendent le temps**

Au-delà des mots, les souvenirs sont des formes puissantes de transmission. Les moments que nous vivons ensemble, qu'ils soient grands ou petits, laissent des empreintes durables.

Je me rappelle encore les après-midis que nous passions à cuisiner à deux lorsque tu étais enfant. Ce n'était pas seulement une activité ; c'était un moyen de transmettre des traditions, des goûts, et surtout, l'importance de créer du lien. Aujourd'hui, lorsque je te vois préparer ces mêmes recettes pour tes amis, je sais que ces instants partagés vivent encore.

Créer des souvenirs, c'est offrir des fragments de soi-même aux autres. C'est dire : " *Je suis là, avec toi, et ce moment compte.* "

**L'impact de donner sans attendre en retour**

Enfin, transmettre, c'est aussi savoir donner. Donner de son temps, de son attention, ou même simplement de son écoute.

Un jour, alors que je traversais une période de doute, un ancien collègue m'a tendu la main sans rien attendre en retour. Il m'a offert un conseil, un café et un sourire. Ce geste, bien que simple, a eu un impact immense sur moi. J'ai appris ce jour-là que transmettre n'a pas besoin d'être grandiose. Parfois, un petit acte de gentillesse suffit à transformer une vie.

Je t'encourage à faire de même, ma fille. Chaque fois que tu donnes, tu contribues à construire un héritage.

Transmettre et partager, c'est ouvrir une porte vers l'avenir, non seulement pour toi, mais aussi pour ceux qui croiseront ton chemin. À travers tes actions, tes récits, et les souvenirs que tu crées, tu as le pouvoir d'inspirer, de guider, et de laisser une empreinte durable.

## 6.2 : Tracer ta voie unique : Encouragements à inventer ta propre histoire, tout en honorant les bases reçues

Ma fille, je vais te dire une chose essentielle : tu es un mélange subtil de ce que tu reçois et de ce que tu crées. Tout ce que je t'ai transmis, tout ce que tu as appris de ta mère, de tes profs, de tes amis, c'est comme une boîte à outils. Mais cette boîte, c'est à toi de l'ouvrir et d'en tirer ce qui te sert pour construire ta propre histoire. Et surtout, n'aie pas peur d'ajouter tes propres outils, de tracer une route différente, même si elle te semble parfois hasardeuse ou incertaine.

### Honorer ses racines sans s'y enfermer

Les valeurs qu'on t'a transmises, elles sont importantes. Elles te servent de boussole quand tu te perds, quand tu te demandes que faire ou comment avancer. Mais souviens-toi que les bases, c'est juste ça : une fondation. Tu n'es pas obligée de construire une maison qui ressemble à la nôtre. En fait, je préfère que tu la dessines à ton image.

Je me rappelle un jour où, jeune adulte, j'avais pris une décision qui allait totalement à l'encontre des attentes de mon père. Lui, il voulait que je reprenne l'entreprise familiale, une petite menuiserie qui marchait bien. Mais moi, j'avais d'autres rêves. J'avais envie de voyager, de découvrir le monde, de tenter autre chose. Alors, j'ai refusé. Ça a été dur. Je voyais dans ses yeux qu'il ne comprenait pas. Mais aujourd'hui, je sais que c'était la bonne décision. Et avec le temps, il a compris aussi. Il m'a même dit, des années plus tard : "*Tu as eu raison de suivre ton instinct, même si ça m'a fait peur au début.*"

### La pression d'être parfaite

Dans ce monde auquel tout le monde montre la meilleure version de sa vie sur les réseaux, je sais que tu peux ressentir une pression énorme. Celle d'être parfaite, de tout réussir du premier coup, de ne jamais décevoir. Mais laisse-moi te dire une chose : la perfection, ça n'existe pas. Ce qui compte, c'est l'authenticité, le fait d'avancer avec sincérité, même si parfois, tu trébuches ou si tu changes d'avis.

J'ai appris ça à mes dépens. Quand j'étais plus jeune, je voulais tellement prouver à tout le monde que j'étais capable de tout maîtriser que je me suis oublié en chemin. J'ai travaillé comme un fou, enchaîné les projets, sans jamais m'écouter. Et puis un jour, j'ai craqué. J'ai compris que courir après la perfection, c'est comme courir après l'horizon : ça n'a pas de fin, et tu finis par t'épuiser.

Alors, ne te laisse pas piéger par ce besoin de tout faire bien ou de suivre des attentes qui ne sont pas les tiennes. Fais des erreurs. Change d'avis. Recommence. C'est ça, la vraie vie.

### Créer sa propre définition de la réussite

La réussite, c'est un mot qui veut tout et rien dire. Pour certaines personnes, c'est avoir une grande maison, une carrière brillante. Pour d'autres, c'est voyager, créer, ou juste vivre en paix avec soi-même. Ce que je veux que tu comprennes, c'est que personne ne peut définir la réussite à ta place. C'est ton droit de choisir ce qui te rend heureuse, ce qui te fait vibrer.

Je me rappelle d'un ancien collègue qui avait tout quitté pour ouvrir une petite librairie dans un village. Tout le monde le prenait pour un fou : il avait un job bien payé, une maison confortable, une situation "idéale". Mais lui, il sentait que ça ne le nourrissait plus. Alors, il a suivi son instinct. Et aujourd'hui, même si sa vie est plus simple, il rayonne de bonheur. C'est ça, tracer sa voie : écouter ce qui résonne en toi, pas ce que les autres attendent.

### Prendre des risques avec courage

Quand tu choisis de marcher sur un chemin qui n'est pas tout tracé, il y aura des moments de doute. Des moments où tu te demanderas si tu as fait le bon choix, si tu n'aurais pas dû suivre la voie "classique". Et c'est normal. Mais rappelle-toi que tout ce qui vaut la peine demande un peu de courage.

Un jour, j'ai décidé d'investir toutes mes économies dans un projet qui me tenait à cœur. Tout le monde me disait que c'était risqué, que je devrais être plus prudent. Et crois-moi, il y a eu des nuits avec lesquelles j'ai regretté, où j'avais peur d'échouer. Mais finalement, ça a marché. Pas forcément comme je l'avais imaginé, mais ça m'a appris que les risques, quand ils sont pris avec le cœur, mènent souvent à des choses incroyables.

## S'entourer des bonnes personnes

Dans ton voyage, tu rencontreras toutes sortes de personnes. Certaines te tireront vers le haut, d'autres essayeront de te freiner ou de te faire douter. Mon conseil : apprends à reconnaître celles qui veulent vraiment ton bien. Ces personnes-là, garde-les près de toi. Elles t'aideront à avancer, même quand le chemin sera difficile.

Quand j'ai décidé de quitter la menuiserie de mon père pour suivre ma propre voie, j'ai eu la chance d'avoir des amis qui m'ont soutenu. Ils ne comprenaient pas toujours mes choix, mais ils étaient là pour moi, sans jugement. Leur présence a fait toute la différence.

## Apprendre à se pardonner

Tu sais, ma fille, il y aura des moments où tu feras des choix que tu regretteras. C'est inévitable. Mais ce qui compte, c'est d'apprendre à te pardonner. Ne sois pas trop dure avec toi-même. Chaque erreur est une leçon, une étape de ton apprentissage.

Je me rappelle d'un jour où j'ai perdu un contrat important à cause d'un mauvais choix. J'ai passé des semaines à me reprocher cette erreur, à me dire que j'avais tout gâché. Mais avec le temps, j'ai compris que cette expérience m'avait appris des choses précieuses, que je n'aurais jamais pu apprendre autrement.

## Transmettre tout en innovant

Enfin, souviens-toi que l'héritage, ce n'est pas juste ce que tu reçois, mais aussi ce que tu transmets. Prends ce que je t'ai donné, ce que la vie t'a enseigné, et transforme-le à ta manière. Ajoute ta touche, ton style, ton unicité.

Quand je te regarde aujourd'hui, je vois une jeune femme pleine de potentiel, avec des idées et une créativité qui me dépassent parfois. Et ça me rend fier. Parce que je sais que tu es en train de tracer une voie qui est uniquement la tienne, tout en respectant les bases sur lesquelles tu t'es construite.

Construire sa propre histoire, c'est un voyage, pas une destination. Ce que je veux que tu retiennes, c'est que tu as tout en toi pour réussir, pour inventer une vie qui te ressemble. Et quoi que tu choisisses, sache que je suis là, fier de toi, à chaque étape de ton chemin.

---

# Chapitre 7 : Dialogues croisés - Une fille répond à son père

Cher papa,

Il y a des choses qu'on n'ose pas toujours dire de vive voix. Des sentiments qui se coincent quelque part entre le cœur et les lèvres, peut-être par pudeur, peut-être par peur de ne pas trouver les bons mots. Alors aujourd'hui, je choisis d'écrire. Parce que c'est ma façon à moi de te parler, de te remercier, et de te dire à quel point tout ce que tu m'as transmis m'a façonnée.

D'abord, merci. Merci pour ces longues conversations, pour ces conseils qui, parfois, sur le moment, semblaient être des leçons un peu répétitives, mais qui, avec le temps, ont pris tout leur sens. Tu sais, je me rends compte aujourd'hui à quel point tes mots ont été comme des graines. Certaines ont germé tout de suite, d'autres prennent un peu plus de temps. Mais elles sont là, bien enracinées, et elles m'aident à avancer, chaque jour.

***"Tracer sa route sans oublier d'où l'on vient"***

C'est une phrase que tu m'as souvent répétée. "N'oublie jamais tes racines, mais laisse tes branches pousser librement." Je ne sais pas si tu te souviens de cette soirée avec laquelle je t'ai annoncé que je voulais changer de voie. C'était au moment de choisir mon orientation. Tout le monde autour de moi paraissait avoir des idées claires, des projets solides, et moi, j'hésitais. J'avais peur de te décevoir.

Mais au lieu de me juger ou de me pousser dans une direction précise, tu m'as simplement dit :"*La seule mauvaise décision, c'est de ne pas décider.*" Ce jour-là, tu m'as libérée d'un poids énorme. Tu m'as appris que le doute fait partie du chemin et que l'important, c'est d'avancer, même si on ne sait pas exactement où cela nous mènera.

Aujourd'hui, je réalise à quel point cette liberté que tu m'as donnée a été précieuse. Elle m'a permis d'explorer, de me tromper, de recommencer. Et crois-moi, papa, c'est en trébuchant parfois que j'ai découvert qui je suis vraiment.

***"L'échec, c'est une étape, pas une fin"***

Ah, l'échec. Ce mot qui, pendant longtemps, m'a fait peur. Je me souviens encore de cette fois où j'ai raté un gros projet à l'université. J'étais dévastée. J'avais l'impression que tout s'écroulait, que j'avais déçu tout le monde, surtout toi.

Quand je t'ai appelé en larmes, tu n'as pas essayé de minimiser ce que je ressentais. Tu m'as simplement écoutée. Et puis tu m'as raconté une anecdote que je ne connaissais pas : cette fois où, toi aussi, tu avais fait un pari risqué dans ton boulot et où ça n'avait pas marché. Tu m'as dit : "*Tu sais, l'échec, c'est juste la preuve que tu as essayée. Ceux qui réussissent sont souvent ceux qui échouent le plus, parce qu'ils osent. Alors relève-toi, et recommence.*"

Tes mots m'ont marquée. Ils m'ont appris que ce n'est pas la chute qui compte, mais la manière dont on se relève. Et depuis, chaque fois que je fais face à un obstacle, je repense à cette conversation.

"***Le bonheur, c'est un voyage, pas une destination***"

Papa, si je devais retenir une seule chose de tout ce que tu m'as appris, ce serait sûrement celle-là. Pendant longtemps, je pensais que le bonheur, c'était un objectif à atteindre : un diplôme, un travail, une maison, une vie bien rangée. Mais avec le temps, et grâce à toi, j'ai compris que le bonheur, c'est beaucoup plus subtil.

C'est dans les petits moments du quotidien. Un café partagé avec une amie. Une balade sous la pluie. Une musique qui te transporte. Tu m'as appris à savourer ces instants, à ne pas toujours courir après "plus", mais à apprécier ce que j'ai déjà.

Tu te souviens de cette randonnée qu'on a faite ensemble l'été dernier ? On était épuisés, on avait mal aux pieds, mais on riait comme des gamins. Ce jour-là, j'ai compris ce que tu voulais dire. Ce n'était pas le sommet qui comptait, mais le chemin pour y arriver, et surtout, le fait de le partager avec quelqu'un qu'on aime.

"***Laisser une trace, mais pas une chaîne***"

Ce que j'admire le plus chez toi, c'est ta capacité à transmettre sans imposer. Tu m'as donné des valeurs solides, mais tu ne m'as jamais demandé de les suivre aveuglément. Tu m'as laissée les questionner, les adapter, les réinventer.

Quand je regarde mes amis, je me rends compte que ce n'est pas toujours le cas. Beaucoup se sentent prisonniers des attentes de leurs parents. Mais toi, tu m'as toujours encouragée à être moi-même, à écrire ma propre histoire. Et pour ça, je te serai éternellement reconnaissante.

Tu sais parfois je me demande quel sera mon propre héritage. Qu'est-ce que je laisserai derrière moi ? Peut-être que ce sera une idée, une passion, ou simplement une façon d'être. Mais ce que je sais, c'est que tout partira de ce que tu m'as transmis.

"***Apprendre de toi, mais aussi avec to***i"

Ce que j'aime dans notre relation, papa, c'est qu'elle n'est pas à sens unique. Tu n'es pas seulement mon guide, tu es aussi quelqu'un avec qui j'évolue. Nos discussions, nos désaccords parfois, sont autant d'occasions d'apprendre, pour toi comme pour moi.

Tu te rappelles cette fois où on a parlé de mes idées sur l'écologie et le développement durable ? Tu étais un peu sceptique au début, mais tu as pris le temps d'écouter, de te renseigner. Et à la fin, tu m'as dit : "*Tu m'as fait changer d'avis. Merci pour ça.*"

Ces moments-là me montrent que la transmission, ce n'est pas un chemin à sens unique. C'est un échange, une danse à laquelle chacun peut enrichir l'autre.

"***Un merci, et bien plus encore***"

Alors aujourd'hui, papa, je veux juste te dire merci. Pas seulement pour ce que tu m'as appris, mais pour la personne que tu es. Pour ta patience, ta générosité, ton humour (même si tes blagues ne sont pas toujours drôles). Merci de m'avoir laissée être moi-même, tout en me donnant les clés pour avancer.

Et surtout, merci de m'avoir montré que l'amour, le vrai, c'est d'accepter l'autre tel qu'il est, sans vouloir le changer.

Je ne sais pas où la vie me mènera, mais je sais que, quoi qu'il arrive, je porterai toujours avec moi une partie de toi. Tes mots, tes leçons, tes rires. Et ça, c'est le plus bel héritage que tu pouvais me laisser.

Avec tout mon amour,

Ta fille.

---

# Conclusion : Une lumière pour le futur

Ma chère fille,

Au fil de ce voyage que nous avons partagé à travers ces lettres, ces conseils et ces réflexions, il y a une chose qui s'est éclairée plus que jamais : tu es, et tu seras toujours, une lumière dans ce monde. Une lumière qui éclaire son propre chemin, mais aussi celui des autres, ceux qui auront la chance de croiser ta route.

La vie, tu sais, n'est pas une ligne droite. C'est un sentier parfois chaotique, souvent imprévisible, mais rempli de moments précieux. Mon rôle, en tant que père, a toujours été de t'offrir une lanterne. Pas pour te montrer chaque détour ou chaque obstacle, mais pour que, dans l'obscurité, tu te souviennes que tu peux toujours illuminer ton chemin avec tes propres choix, ton courage et ta détermination.

**Transmettre sans posséder**

Il y a une citation qui m'a absolument marqué : "*Les enfants ne sont pas nos enfants, ce sont les fils et les filles de la vie.*" En t'élevant, ma mission n'a jamais été de te garder sous mon aile pour toujours, mais de t'aider à déployer les tiennes. Et aujourd'hui, je vois que tu voles, que tu construis, que tu crées une vie qui te ressemble.

Ce que je t'ai transmis, ce ne sont pas des vérités absolues. Ce sont des outils. Tu en as utilisé certains, tu en as mis d'autres de côté, et c'est exactement comme ça que ça devait être. Parce que ton héritage, c'est celui que tu construis à ta manière, avec ton style, tes valeurs et tes rêves.

**La sagesse des générations**

Quand je repense à mes propres parents, à ce qu'ils m'ont donné, je me rends compte que la vie est un immense dialogue entre les générations. Chacun apporte une pierre à l'édifice, une histoire à raconter, une leçon à partager. Toi aussi, un jour, tu seras une voix pour ceux qui viendront après toi. Et je sais que tu seras une source d'inspiration, parce que tu as appris à écouter, à réfléchir, et surtout, à aimer.

Il y a des choses que je n'ai pas toujours su bien faire, des moments où j'aurais aimé être un meilleur guide. Mais si j'ai une certitude aujourd'hui, c'est que tu as su transformer chaque expérience en force, chaque défi en opportunité.

**Un avenir à ta hauteur**

Je n'ai jamais douté de ton potentiel. Tu es une personne qui porte en elle une énergie unique, une capacité à transformer les idées en actions et les rêves en réalités. Peu importe où la vie te mènera, je sais que tu y mettras tout ton cœur, et que tu laisseras une empreinte belle et profonde sur ce monde.

Regarde devant toi avec confiance, mais n'oublie jamais de te retourner de temps en temps pour voir tout le chemin parcouru. Chaque pas, même le plus hésitant, t'a amenée là où tu es aujourd'hui. Et crois-moi, ce n'est que le début d'une aventure encore plus grande.

**Le mot de la fin**

Alors voilà, ma fille, tout ce que j'ai voulu te dire à travers ces pages, c'est que je suis fier de toi. Fier non pas pour ce que tu fais, mais pour ce que tu es. Tu as un cœur généreux, un esprit curieux, et une force intérieure qui illumine tout autour de toi.

Garde toujours cette lumière en toi. Nourris-la avec tes passions, protège-la avec sérénité, et partage-la avec ceux qui en ont besoin. Parce qu'au fond, c'est ça, l'héritage le plus précieux qu'on puisse laisser : une lumière qui continue de briller, même après nous.

Avec tout mon amour et ma confiance,

Ton père.

---

# Épilogue : La lettre scellée

Ma chère fille,

Il y a des choses qu'on écrit pour être lues immédiatement, et d'autres qu'on garde pour un moment particulier. Cette lettre, je l'ai écrite comme un trésor scellé, une bouteille lancée à la mer avec l'espoir qu'elle atteigne un rivage, peut-être un jour où tu en auras le plus besoin.

Je ne sais pas quand tu liras ces mots. Certainement après une journée lumineuse où tout semble possible, ou sûrement dans un moment plus gris où tu doutes de toi. Peu importe. Ce qui compte, c'est que tu saches que, dans chaque mot que j'ai choisi, il y a tout l'amour et la foi que j'ai en toi.

**La promesse des liens invisibles**

La vie est remplie de questions, et crois-moi, même avec les années, certaines resteront sans réponse. Mais il y a une certitude que je veux te laisser : tu n'es jamais seule. Même quand le chemin est sombre ou que les étoiles paraissent s'éteindre, il y a un lien entre nous. Invisible probablement, mais indestructible.

C'est ce lien qui m'a guidé pour écrire tout ce que tu as lu dans ces pages. Il ne s'agit pas seulement de conseils ou d'histoires ; c'est ma manière à moi de rester avec toi, peu importe où la vie nous emmène.

**Les souvenirs comme des boussoles**

Je repense souvent aux instants qu'on a partagés. Pas forcément les grands événements, mais ces petits moments qui semblaient ordinaires sur le coup. Comme cette fois où on s'est assis sur le bord du lac, toi en train de lancer des cailloux dans l'eau, et moi, silencieux, à te regarder grandir. Ces souvenirs, garde-les précieusement. Ils sont comme des boussoles, des repères qui te rappelleront d'où tu viens, même si le vent te pousse loin.

Tu sais, en écrivant cette lettre, je me rends compte qu'il y a tellement de choses que j'aimerais encore te dire. Mais la vérité, c'est que tu n'as pas besoin de tout savoir tout de suite. La vie, c'est un apprentissage continu, et chaque jour t'apportera ses propres réponses.

**Un message pour demain**

Si un jour, tu te retrouves face à un choix difficile ou à un obstacle qui semble infranchissable, lis ces mots à nouveau : tu es assez. Tu as en toi tout ce qu'il faut pour surmonter les épreuves. Tu es forte, intelligente, et surtout, tu as un cœur immense.

N'oublie jamais que la perfection n'est pas la destination. C'est dans nos imperfections qu'on trouve notre humanité, dans nos échecs qu'on forge notre caractère. Si jamais tu tombes, relève-toi, même doucement, même avec hésitation. Ce n'est pas la vitesse qui compte, mais le courage de continuer.

**La lumière qui guide**

En refermant ces pages, sache que ce n'est pas la fin. C'est juste un nouveau chapitre à écrire, cette fois par toi, avec tes propres mots, tes propres couleurs. Je t'ai donné tout ce que je pouvais, mais maintenant, c'est à toi de laisser ta trace, de construire ton monde, et de transmettre à ton tour.

Et quand tu te sentiras prête, si tu le souhaites, écris-moi aussi. Pas forcément sur du papier, mais dans ton cœur, dans tes actions, dans la manière dont tu choisis d'aimer, de pardonner, et de briller.

**Une lettre ouverte au futur**

Cette lettre scellée, c'est mon cadeau pour toi. Un rappel que, peu importe les années, les distances, ou les silences, je suis là. Pas pour te dire que faire, mais pour te rappeler que je crois en toi, toujours.

À toi à présent, ma lumière. Écris ton histoire, et fais en sorte qu'elle soit aussi belle, libre et vibrante que ton âme.

Avec tout l'amour que je peux donner,

Ton père.

---

www.ingramcontent.com/pod-product-compliance
Lightning Source LLC
LaVergne TN
LVHW050335160826
845677LV00014B/3628

*9798230126751*